Anton Rotzetter

DENK DARAN, DASS DU EIN MENSCH BIST

Geistlicher Brief an Amédée Grab
Neuer Bischof von Chur

Z - Verlag

Wir danken dem *Verein Bündnerinnen und Bündner für eine glaubwürdige Kirche* für den finanziellen Beitrag an die Druckkosten.

Titelbild:
Westfälischer Meister, Altar aus Osnabrück,
Detail: Ausgiessung des Hl. Geistes, um 1370/1380.
Besitzer: Wallraf - Richartz - Museum
Bildquelle: Rheinisches Bildarchiv Köln
Mit freundlicher Genehmigung des Besitzers.

Anton Rotzetter

DENK DARAN, DASS DU EIN MENSCH BIST

Geistlicher Brief an Amédée Grab
Neuer Bischof von Chur

Z – Verlag

Die Deutsche Bibliothek – CIP-Einheitsaufnahme

Rotzetter, Anton:
Denk daran, dass Du ein Mensch bist : geistlicher Brief an Amédée Grab, neuer Bischof von Chur / Anton Rotzetter. – Zizers : Z-Verl., 1998
ISBN 3-909307-03-5

Gestaltung: Reto Grond-Steinbacher
Druckerei Schüler AG, CH-2501 Biel/Bienne
ISBN 3-909307-03-5

Inhaltsverzeichnis

EINLEITUNG

Lieber Bischof Amédée

„Auditum est in terra nostra - Es wurde in unserem Land vernommen“ - so beginnt der berühmte Brief 238 des hl. *Bernhard von Clairvaux* (1091-1153) an den neu gewählten Papst Eugen III. (*Bernhard von Clairvaux*, Ausg. 1992, III, 271-279). Er hatte von der Wahl erfahren und fühlte sich zu einem ‘geistlichen Mahnschreiben’ gedrängt. Dieses ist, sagt er, ‘der Notwendigkeit’ entsprungen, dem Papst zu sagen: „Denk in all Deinen Werken daran, dass Du ein Mensch bist, und die Furcht vor dem, ’der den Fürsten den Mut nimmt’ (Ps 75, 13), stehe Dir immer vor Augen“ (*ders.*, 279). Und dann stellt Bernhard den Papst vor die Unausweichlichkeit des Todes und vor die Kürze des Lebens.

Ähnliche Briefe wurden schon vorher geschrieben. So verfasst im Juni 1064 der hl. Petrus Damiani (1007-72) ein Schreiben, den Brief 108, an Papst Alexander II. (1061-73). Mehr als die Hälfte des ganzen Briefes ist der Schönheit der Welt gewidmet, der Harmonie der Geschöpfe im Universum. Als Interpret des heiligen Franz freue ich mich über dieses grossartige Loblied auf die Schöpfung. Petrus Damiani verfolgt dabei einen doppelten Zweck. Einerseits will er dem Papst sagen: Sei doch dem Leben verpflichtet! und anderseits: Du, Papst, ja gerade Du, bist nichts als ein Stück Schöpfung. Du bist nur Papst, wenn Du Dich dem Fluss des Lebens anvertraust und wenn Du Dich als einen Teil dieser wunderbaren Schöpfung verstehst. Bette Dich ein in den Humus, Humus bist Du selbst, Erde, von der Erde genommen, und zur Erde musst Du zurückkehren. Und dann fordert der Heilige vom Papst eine ganze Reihe von Demutsritualien, über die wir heute nur noch den Kopf schütteln können. Ich kann diese jetzt nicht im einzelnen aufzählen, da mir der Platz dazu fehlt und es hier auch nicht um ein spiritualitätsgeschichtliches Seminar geht. Aber diese Ritualien sagen alle dasselbe: Gerade der Papst muss sich mehr als alle anderen Menschen der Demut verpflichten, der Liebe zur Erde, wie die lateinische Sprache diese Tugend nennt: der Humilitas! „Sein Leben hat der Erbauung aller Menschen zu dienen". Darum darf er, fügt Petrus Damiani hinzu, sich nicht bezirzen lassen von den Mechanismen der Macht. Er muss sich seiner Hinfälligkeit bewusst sein. Aus diesem Brief entwickelt sich in der Folge für den Amtsantritt, den Lebensrhythmus, den Tod und die Beerdigung des Papstes eine Reihe von Symbolhandlungen (bis hin zur Plünderung des Leichnams), denen immer nur eines gemeinsam ist: Gedenke, Mensch, dass Du ein Mensch bist (*Paravicini Bagliani*, 1997)!

In diesem gleichen Sinn haben immer wieder Menschen, die sich von innen heraus dazu gedrängt fühlten, solche Briefe geschrieben: Roger Bacon (1214-1292), Johannes Petrus Olivi (+1298), beides Franziskaner, und viele andere.

Erlauben Sie mir, Ihnen in dieser Tradition zu Ihrem Amtsantritt als Bischof von Chur meine Reverenz zu erweisen. Zwar sind Sie nicht 'mein' Bischof, da ich einem Orden angehöre. Sie sind für mich im rechtlichen Sinn 'nicht zuständig'. Dennoch befindet sich Altdorf in Ihrem neuen Bistum. Und an vielen Orten Ihrer Diözese begegne ich Menschen, Gemeinden, Gruppen, die meine priesterlichen Dienste und meinen geistlichen Rat in Anspruch nehmen. Darum kann mir nicht gleichgültig sein, wer Bischof von Chur ist und wie er seine Aufgabe erfüllt. Vor einiger Zeit stieg in mir plötzlich der Impuls auf, Ihnen diese Briefe zu schreiben. Er liess mich nicht mehr ruhen, bis ich die Idee zu konkretisieren begann. Ich hoffe, dass es richtig ist, diesem Impuls gefolgt zu sein.

Ich weiss zwar nicht, ob Sie mich kennen, und ich muss mich Ihnen wohl zuerst vorstellen.

Ich bin Kapuziner, habe über Franz von Assisi eine Doktorarbeit geschrieben und das Institut für Spiritualität in Münster/Westfalen gegründet, das ich dann auch zehn Jahre lang leitete. Durch viele Bücher, Artikel, Vorträge und Kurse bin ich im ganzen deutschen Sprachraum und darüber hinaus als geistlicher Lehrer bekannt geworden. Ich kenne nicht nur die Situation Ihres Sprengels gut, in dem ich seit 1971 wohne, sondern auch jene vieler Gegenden dieser Welt, wohin mich meine vielfältige pastorale und lehrende Tätigkeit immer wieder führt. Ich bilde mir darum ein, die Anliegen der Menschen und auch die Situation der Kirche zu kennen. Aus dieser Erfahrung heraus kann ich Ihnen anlässlich Ihres Amtsantritts - sozusagen als Sprachrohr vieler Menschen - etwas sagen. Auf der andern Seite möchte ich zu Handen der Öffentlichkeit - vielleicht etwas unkonventionell - das Grundzeugnis der Kirche ablegen. Die Form des offenen Briefes wird dann, so hoffe ich, eine konstruktive Diskussion in der Diözese auslösen. Selbstverständlich bräuchte ich Ihnen selbst vieles nicht so ausführlich zu sagen. Ich glaube aber fest daran, dass ich zu dieser Art Brief vom Heiligen Geist gedrängt bin.

Freilich braucht es etwas Mut, diese Zeilen zu schreiben. Die Erfahrung zeigt nämlich, dass in unseren Ländern Bischöfe nicht gerade sehr zugänglich sind für kritische bzw. geistliche Gedanken, ausser, diese Gedanken wären fromm und ohne kritisches Potential. Aber Kritiklosigkeit und Harmlosigkeit sind ja gerade nicht die Kriterien, an denen man das Wirken des Heiligen Geistes erkennen könnte. Spiritualität ist vielmehr immer auch dem verpflichtet, was die geistlichen Lehrer mit dem Apostel Paulus (1 Kor 12, 10) die 'Unterscheidung der Geister' nennen. Oft lassen Bischöfe, wie ich leider immer wieder erfahren muss, solche Gedanken gar nicht an sich herankommen bzw. sie glauben, sie gar nicht nötig zu haben. Oder sie sagen, es fehle dem Kritisierenden an der nötigen Demut. Anders ist das in Ländern der sogenannten Dritten Welt. Da kenne ich persönlich einige Bischöfe, die erzählen, wie sie sich durch Begegnungen und Gespräche verändert haben und sich vieles sagen lassen wollen. Ich habe die begründete Hoffnung, dass Sie, zugänglich und offen sind für diese Art von Gedanken und Impulsen. Denn schliesslich haben Sie sich einmal als Benediktiner auf den Weg der Gottsuche gemacht und haben das Bischofsamt ganz gewiss nicht gesucht. Ich nehme an, dass Sie immer noch ein geistliches Projekt vor Augen haben und sich auch weiterhin dem 'Hören' verpflichtet fühlen, das ja so betont und leidenschaftlich der Regel des heiligen Benedikt zugrundeliegt.

So bitte ich Sie, meinen 'geistlichen Brief' entgegenzunehmen und ihn für Ihr Wirken in unserer Diözese fruchtbar zu machen. Nicht nur ich, sondern - dessen bin ich überzeugt - auch viele andere, die sich um das Grab des heiligen Luzius versammeln, werden Ihnen dafür dankbar sein.

Es dürfte nicht überflüssig sein, Ihnen zu sagen, dass der grösste Teil dieses Briefes während eines Aufenthaltes in Assisi geschrieben wurde, teils neu, teils als Zusammenstellung von Textteilen aus Vorträgen und Briefen.

Als ich vor ein paar Tagen an Perugia vorbeifuhr, kam mir die schreckliche Erfahrung in den Sinn, die der belgische Bischof Jacques de Vitry im Jahre 1216 im Dom dieser Stadt machen musste. Er traf den wohl mächtigsten Papst der Kirchengeschichte, Innozenz III., nackt aufgebahrt vor, seiner Kleider und seines Schmukkes beraubt. Ob Jacques de Vitry damals wusste, was wir heute wissen, nämlich, dass es sich dabei um ein stets wiederkehrendes Ritual handelte, weiss ich nicht. Die rituelle Plünderung des päpstlichen Leichnams sollte die Hinfälligkeit des Papstes unterstreichen. Jedenfalls beschreibt de Vitry diese Hinfälligkeit der Macht und des Reichtums mit markanten Worten: „So zerfällt der Ruhm der Welt!" Er bleibt aber in seiner Beschreibung nicht beim Papst allein stehen. Er fügt vielmehr eine eindrückliche Kirchenkritik hinzu, die sprachlich und inhaltlich vieles überbietet, was heute an kirchenkritischen Äusserungen zu hören ist. Ebenso spricht er vom Zerfall des Glaubens und der Sitten. Dann aber wendet sich plötzlich das Blatt: Einen einzigen Trost, sagt er, gibt es: Der neue geistliche Aufbruch, der in der Bewegung der Minderen Brüder und Schwestern, den späteren Franziskanern und Klarissen, zum Ausdruck kommt. Ihre Gründung lag damals erst sieben bzw. vier Jahre vor diesem Schock zurück, und hatte bereits ein solches Wachstum, dass sie zum Trost und zur Hoffnung der Kirche geworden war. Einige Male im Jahr komme ich mit Gruppen nach Assisi und werde hier immer wieder mit tiefsten und anhaltenden, beglückenden Erfahrungen von Kirche beschenkt. Erst vor einem Jahr hat ein Teilnehmer, ein angesehener und weitherum bekannter Bürger Ihrer ehemaligen Diözese Freiburg übrigens, einem ebenso bekannten Mann der bischöflichen Kurie unter Ihrem Vorgänger in Chur geschrieben: „Die Erneuerung der Kirche beginnt in Assisi, nicht in Chur!" Das mag der Mann aus Chur als Frechheit empfunden haben. Aber wird Franziskus von Assisi nicht auch immer wieder von amtskirchlicher Seite als Modell der kirchlichen Erneuerung hingestellt?

Nun bin ich also in Assisi, dem erdbebengeschädigten. Die Stadt scheint mir weit zurückgefallen zu sein. Die Pilgerströme sind nahezu versiegt, die Parkplätze leer, die Piazza wirkt wie ausgestorben. Ganze Häuserkomplexe, in denen ich früher häufig mit Gruppen weilte, sind unbewohnbar. Führungen in San Francesco sind nicht mehr erlaubt. Immer wieder wurde ich in den letzten Monaten mit der zynischen Frage konfrontiert, was Gott der Kirche mit dieser Erschütterung wohl sagen wolle. Vielleicht dies: Zu sehr vertreten wir immer noch allein das Prinzip 'Ordnung' und vergessen, dass Ordnung nie stur sein darf. Ich bin in der Basilika San Francesco in den Gewölben gewesen und in den Kellern. Ich habe das Ausmass der Verwüstung gesehen (die Restauration von San Francesco allein wird über 100 Millionen

Schweizer Franken kosten). Und dann sagte der Fachmann, der mich durch diesen riesigen Bauplatz führte, plötzlich: „Allzu starre Baustrukturen sind bei Erdbeben anfälliger für Schäden als flexible!“ Plötzlich schoss es mir durch den Kopf: Auch eine starre kirchliche Ordnung ist selber schuld, wenn sie Schaden nimmt! Und ich füge gleich hinzu: Aber auch, wenn kein Fundament vorhanden ist wie etwa in Santa Chiara oder wenn stabilisierende Massnahmen unterblieben sind wie in vielen religiösen Pensionen, entstehen Schäden. Das heisst doch, dass wir in der Kirche einerseits ein Gespür entwickeln müssen für die Anfälligkeit kirchlicher Ordnungen und anderseits für kirchenstützende Massnahmen, die dem Glauben und nicht der Macht entspringen.

Unabhängig von dieser ‘Lehre’, aber ganz gewiss mit neuer Eindringlichkeit, werden wir hier auf das ‘evangelische Leben’ verwiesen, das Franziskus und Klara so radikal vorgelebt haben. Und hier bete ich für Sie und für die ganze Kirche, auch für mich selbst, dass wir uns alle treffen lassen von dieser auch heute noch wunderbaren Botschaft, die immer noch die Welt bewegen und auch heute die Kirche erneuern kann.

Wenn ich in diesem Brief an Sie das eine falsch sehe, anderes nicht richtig akzentuiere, vieles überziehe und vielleicht eine allzu grosse Selbstgewissheit an den Tag lege, dann schreiben Sie das meinem Ungestüm und meiner Leidenschaft zu. Es ist, wie ich meine, die Leidenschaft, die sich an Franz von Assisi und durch ihn hindurch am leuchtenden Antlitz Jesu entzündet hat. Ich möchte auch noch das Wort hinzufügen, das Franz von Assisi 1220 äusserte, als er von seinem Amt als Oberer seiner Bruderschaft zurücktrat: „Meum officium est spirituale, non ufficiale!“ - Mein Amt ist fortan bloss geistlicher, nicht aber amtlicher Art. Ich möchte dieses Wort für mich beanspruchen: Ich kann und darf, weil ich kein Amt bekleide, die Dinge provokativer sagen. Dies so deutlich zu sagen, erscheint mir als meine Pflicht als Lehrer der Spiritualität. Wenn ich dabei einen falschen Ton wählen sollte, dann vergeben Sie mir. Meine Absicht ist, Sie zu einem befreienden Handeln als Bischof von Chur zu ermutigen und Sie darin zu unterstützen. Ihr Amt ist 'ufficiale'!

Assisi, 18. Juli 1998

1. Die Situation Ihres Bistums wahrnehmen

1.1 Einen wirklichen Anfang setzen

Lieber Bischof Amédée

Ich möchte Sie bitten, zunächst die Bedingungen zu betrachten, unter denen Sie Bischof von Chur geworden sind. Nur mit offenen Augen und unverhüllter Wahrheit werden Sie sich unserem Lande als wahrer 'Episkopus' erweisen. Das griechische Wort sagt es: Sie müssen sich einen unverstellten Überblick verschaffen über das, was in den letzten Jahrzehnten bei uns abgelaufen ist und zur heutigen Situation geführt hat.

„Man sieht nur mit dem Herzen gut", heisst es im 'Kleinen Prinzen'. Diese Augen sind, wie uns die christliche Spiritualität nahebringt, nichts anderes als der Heilige Geist. Der Heilige Geist selbst ist es, der in Ihnen auf die Menschen blicken will, die Ihnen anvertraut sind. Darum bitte ich um den Blick, der nicht von oben herabschaut, sondern auf der gleichen Ebene dem Gegenüber in die Augen sieht. Ich wünsche, dass Ihr Blick derjenige der Mutter ist, des Verliebten, des Dichters, des Kindes, auf jeden Fall aber ein Blick des Zutrauens und der Zärtlichkeit. Und schauen Sie auch mit dem Blick derer, die Ihnen nun vertrauensvoll entgegenschauen.

Wir sind, wenigstens die meisten in der Diözese, überzeugt, dass Sie in der jetzigen Situation 'eine gute Lösung' sind. Deswegen stellt man im Grossen und Ganzen die schwerwiegenden Bedenken zurück, die das Vorgehen Roms erneut ausgelöst hat. Es hat keinen Sinn, diese starken Bedenken im Volk nicht wahrzunehmen. Eine Wahl in dem Sinne, wie sie sich demokratisch gesinnte Bürger und geschwisterlich eingestellte Gläubige vorstellen, eine wirkliche Auswahl zwischen Personen war das nicht! Da wurden Namen von Persönlichkeiten von der Wahlliste gestrichen, die allen bekannt waren. Dafür wurden Ihnen, dem schliesslich Gewählten, zwei völlig unbekannte Westschweizer beigesellt. Nehmen wir einmal an, der Vatikan wäre der Meinung, es gäbe einzig und allein Sie, der den Karren aus der Unwegsamkeit herausführen kann. Müsste sich dann nicht ein völlig anderes Verhalten aufdrängen? Etwa zu sagen: „Liebe Gläubige im Bistum Chur, wir sehen im Moment nur eine Person, die den Frieden und die Versöhnung wieder herstellen kann, Bischof Amédée Grab von Freiburg, Lausanne und Genf. Es ist ihm ja als Weihbischof in kurzer Zeit gelungen, das aggressive und bischofsfeindliche Genfer Milieu in einem positiven Sinn zu verändern. Wir trauen ihm etwas Ähnliches in Chur zu. Wir bitten Euch darum, für dieses eine Mal auf eine eigentliche Wahl zu verzichten. Das nächste Mal werdet Ihr konkordatsgemäss wählen können." Ich bin überzeugt, die Churer Gläubigen hätten eine solche Argumentation begriffen und angenommen. Stattdessen wurde noch einmal das römische Machtspiel gespielt, wie wir es weltweit, nicht nur in Chur, immer wieder erleiden müssen. In unserem Nachbarland Österreich gab es in den letzten Jahren eine Fehlbesetzung nach der andern. Die Personalpolitik des Vatikans ist, wie Kardinal König anlässlich des Papstbesuchs in Österreich im Juni 1998 gesagt hat, gründlich 'danebengegangen'.

Auch die Mutation Ihres Vorgängers, Bischof Haas, nach Liechtenstein gehört zu diesem unsäglichen Machtspiel. Wenn man es genau nimmt, ist das sogar der grössere Fehler als seine Wahl damals zum Bischof von Chur. Denn nun löste man eine tausendfünfhundert Jahre alte kirchliche Struktur auf, gründete ein neues Minibistum - und zwar gegen den erklärten Willen des Volkes, der Regierung, des Parlamentes und, wenn man denn seinen Aussagen trauen darf, ohne gründliche Absprache mit dem Fürsten, und das alles nur, um das Gesicht nicht verlieren zu müssen. Weder 1998 noch vor über zehn Jahren, als Rom Wolfgang Haas zum Bischof von Chur ernannte, hatte man wirklich das Volk Gottes vor Augen. Wo bleibt da das „vox populi - vox Dei" (die Stimme des Volkes ist die Stimme Gottes), die jahrhundertelang anerkannte geistliche Tradition, nach der sich Gott in der Stimme des Volkes zur Geltung bringt? Sagen Sie nicht, dass man nach den bitteren Erfahrungen des Nationalsozialismus in Deutschland und nach den Enttäuschungen, welche man in der Schweiz bei Volksabstimmungen immer wieder erleben muss, nicht mehr so naiv die Stimme des Volkes mit Gott identifizieren dürfe. Das ist auch meine Meinung. Aber darum darf man doch nicht in das andere Extrem fallen und das Volk verachten. Wenn von Volk in der Kirche die Rede ist, dann ist von vorneherein auch etwas anderes gemeint als die manipulierbare Masse. Es geht um das Volk, das mit dem 'sensus fidei' (Glaubenssinn) begabt ist und darum von innen her eine Neigung zum Wahren und Richtigen hat. Man kann diese geistliche Tradition nur mit grossem Schaden für die Kirche ausser Kraft setzen.

Zwar gibt es gewisse Entwicklungen in unserer Zeit, welche die Logik der Macht verständlich machen, mit der die Amtskirche die mit diesen Entwicklungen verbundenen Probleme zu lösen gedenkt. Ich werde noch

Gelegenheit haben, von solchen Entwicklungen zu reden. Die Logik der Macht ist aber sowohl vom Christusereignis her, das wir bezeugen und feiern, als auch von den psychologischen Wirkungen her, welche von einem autoritären Gehabe allemal ausgehen, unmöglich. Petrus darf nicht mit dem Schwert dreinschlagen (Mt 26, 52); er darf die Probleme nur in gewaltloser Liebe lösen. Antonius von Padua, der übrigens eine mutige und oft auch scharfe kirchenkritische Sprache spricht, meint einmal: „'Weide meine Schafe', sagt der Herr zu Petrus' (Joh 21, 17). Wohlgemerkt: Dreimal sagt der Herr 'Weide meine Schafe', aber kein einziges Mal 'Schere oder melke sie'" - und Antonius zieht dann los gegen den Amtsmissbrauch der Amtskirche, in einer Sprache, das es selbst mir den Atem verschlägt. Nein, Petrus darf nur als ein vom Geist Angehauchter (Joh 20, 22) Probleme lösen - und das ist immer - immer! - ein Hauch der Liebe und der Barmherzigkeit.

Die Probleme in Chur sind, möchte ich hinzufügen, weitgehend hausgemacht, durch die unnötige und letztlich auch unbiblische Logik der Macht erst geschaffen. Ich bitte Sie, dieser Tatsache ins Auge zu sehen. Mit den Augen des Herzens, nicht in der Haltung des „big brother is watching you" (der grosse Bruder schaut dir zu). Diese schreckliche Vision *Georges Orwells* in seinem Buch „1984" aus dem Jahre 1949 darf sich gerade in der Kirche nicht einmal im Ansatz verwirklichen. Erst, wenn Sie sich entschieden von einer solchen Auffassung des totalen Überwachenwollens distanzieren und sich dem zutrauenden und ermutigenden Blick der Liebe verschreiben, werden Sie wirklich frei für die äusserst schwierige Aufgabe, die Ihrer nun harrt. Die Wahrheit wird Sie frei machen (Joh 8, 32)!

Immer wieder höre ich, dass die Kirche - gemeint sind Papst, Bischöfe und Priester - begangene Fehler nicht zugeben kann. Nicht, dass wir Menschen Fehler begehen ist schlimm, sondern dass wir sie nicht zugeben und zu einer Umkehr oder Kurskorrektur unfähig sind, ist das Schlimme. Wir entziehen uns dabei einer der produktivsten Kräfte des Lebens. Diese Unfähigkeit hat System und ist einer der Gründe, warum die Menschen von heute der Kirche keinen Kredit mehr geben wollen. Ich könnte das durch viele Stimmen unterstreichen, die mir immer wieder Vorwürfe machen und nicht begreifen, dass ich die Kirche, die mir trotz allem der einzige Hort der Hoffnung in dieser Welt ist, nicht aufgeben kann. Eben haben mir Österreicher, mit denen ich jetzt in Assisi weile, gesagt: Die Amtskirche hat beim kürzlichen Papstbesuch eine Chance verpasst. Endlich hätte sie Gelegenheit gehabt, zu zeigen, wie man mit begangenen Fehlern umgeht. Sie hat nochmals ein grosses Stück Glaubwürdigkeit verloren, weil sie selber nicht tut, was sie von den einzelnen fordert: Sündenbekenntnis und Genugtuung.

Unsere Tradition ist ja bis in unsere Tage stark, wenn es darum geht, Demutsritualien zu erfinden und zu gestalten: auf den Boden liegen, den Boden küssen, den Kopf neigen, den Segen oder gar die Absolution erbitten, usw., aber man hat nur selten den Eindruck, dass solchen Gesten auch eine zutiefst innere Wirklichkeit, Ernsthaftigkeit, Wahrheit entspricht. Schon gar nicht oder nur ganz selten macht man die Erfahrung, dass ein Papst oder Bischof Fehler wirklich eingesteht und sich dann radikal anders verhält. Man kann zwar zugeben, dass vor Jahrhunderten die Kirche etwa an Galilei oder Hus schuldig geworden ist, aber das Denken, das zur Verurteilung Galileis oder Hus‘ geführt hat, bleibt dasselbe. Fehler zugeben - das haben wir nicht gelernt. Statt des offenen Eingestehens von Schuld üben wir uns in der Kunst des Verdrängens und geben nur das zu, was offensichtlich ist - und das meistens, wenn es zu spät ist. Oder wir spielen das diplomatische Ränkespiel und verdrehen gar die Wahrheit.

Sie werden sicher bald sehen, wie viele Ihrer Priester, Pastoralassistenten und Pastoralassistentinnen, Laien verbittert, verwundet, nach innen emigriert sind und dass viele von der Kirche nichts oder nicht mehr sehr viel erwarten. Es ist nun höchste Zeit, dass sich der Papst bzw. die vatikanischen Behörden für das jahrzehntelange Unrecht, für die von der Amtskirche geschlagenen Wunden entschuldigt und dafür um Vergebung bittet. Ich bin überzeugt, dass im gleichen Augenblick auch eine versöhnliche Stimmung bei denen aufkommen könnte, die ihrerseits verletzt und verwundet haben.

Die biblische Botschaft, zu der wir uns bekennen, zeichnet sich gerade durch die Einsicht in das eigene Versagen und durch die stete Umkehrwilligkeit aus. Keine andere Religion hat wie die biblische so unerbittlich die eigene Treulosigkeit und den eigenen Ungehorsam gegenüber Gott zum Ausdruck gebracht. „Von einem vergleichbar erschrocken-umkehrwilligen Rückblick auf die eigene Geschichte kann in der Kirche am Ende des zwanzigsten Jahrhunderts in keiner Weise die Rede sein“ (*Lohfink*, 1998, 124).

In diese Tradition muss sich auch die Amtskirche, nicht nur der einzelne Christ, wie ja immer wieder zu Recht betont wird, einreihen.

Es wäre darum ein wirklich guter Beginn Ihres Bischofsamtes, wenn Sie, lieber Bischof Amédée, für das durch die Amtskirche zugefügte Leid entschuldigende und versöhnende Worte fänden und Zeichen setzten, die für die Zukunft ein anderes Verhalten verheissen.

1.2 Widerstand - ein Zeichen des Unglaubens?

Lieber Herr Bischof,

Was Sie vor allem ernst nehmen müssten, ist die grosse Sensibilität einzelner Laien und Laiengruppen, aber auch der Priester in Ihrem neuen Bistum. Bischof Haas hat mit seiner Amtsführung viele Gläubige im Bistum Chur dazu gebracht, über den eigenen Glauben nachzudenken. Viele von ihnen haben ihre Überzeugung kundgetan, vielleicht sogar mit dem Feuer und der Leidenschaft des Widerstandes. Das kann und darf nicht rückgängig gemacht werden. Seine Amtsführung hat nicht nur zur Polarisierung geführt, sondern auch zu dem, was wir als Kirche eigentlich wünschen müssten: zur kritischen Nachdenklichkeit und zur existentiellen Glaubenserfahrung. Natürlich gab es da auch unzählige Mitläufer auf allen Seiten, aber ich möchte Sie einladen, vor allem die Lebendigkeit, ja die neue Mystik zu sehen, die auf diese Weise auch entstanden ist und von der *Karl Rahner* vor Jahren gesprochen hat. Selbstverständlich möchte ich nicht alles mit diesem Etikett versehen, aber Mystik ist dabei eben auch entstanden.

Widerstand ist die Kehrseite oder die direkte Folge der Mystik. Ich denke, dass wir innerhalb der Kirche über diesen Zusammenhang vermehrt nachdenken müssen, denn je mehr jemand wirklich in die Erfahrung des Glaubens hineinwächst, umso mehr ist auch mit Widerstand zu rechnen. Mit andern Worten: Der Glaube bringt den Widerstand geradezu hervor, wie *Dorothee Sölle* im

Buch 'Glaube und Widerstand' (1997) sehr eindrücklich hervorhebt.

Ist es nicht interessant, dass Mystik vor noch nicht allzu langer Zeit zum Vokabular der Weltfremden gehörte? Wer mit beiden Füssen auf dem Boden der Wirklichkeit stand, hatte mit Mystik nichts am Hut; er wollte nichts damit zu tun haben. Dass das vielleicht mit einer kleinen und engen Sicht der Wirklichkeit zu tun hat, ja vielleicht ein freiwilliges Gefängnis sein könnte, trat als Möglichkeit gar nicht ins Bewusstsein. Inzwischen wissen wir, dass wir dieses Gefängnis eines allzu engen Selbst- und Weltverständnisses durchbrechen müssen, wenn wir noch eine Zukunft haben wollen. Auch was wir ersehnen und erträumen, erhoffen und erwarten, gehört zu dem, was wir Wirklichkeit nennen.

Ist diese Entwicklung nicht etwas Grossartiges? Sobald man aufhört, in geschlossenen Welten zu leben, in abgegrenzten engen Räumen, und sobald man beginnt, sich als unendliche Offenheit für das Unendliche zu begreifen, erahnt man wieder in allen Dingen ein unaussprechliches und letztlich unnennbares Geheimnis. In dem Masse, wie sich dieses Geheimnis zeigt und dem Menschen zur Erfahrung, zu einer ganz persönlichen Wahrnehmung und Überzeugung wird, in dem Masse sprechen wir heute von Mystik. Vielleicht schliessen wir dann 'Aug und Mund' und schauen - dieses Geheimnis beschweigend - nach innen. Die Mystik ist allen zugänglich, ja, sie macht recht eigentlich den Menschen zum Menschen.

Wer Mystik richtig versteht, erkennt auch sogleich die Verbindung zum zweiten Begriff des Buchtitels von *Dorothee Sölle*: Widerstand. Denn Mystik ist ja eine Erfahrung, die der einzelne Mensch macht und die nicht an

Stellvertreter delegiert werden kann. Gotteserfahrung ist etwas Intimes, Persönliches, Unmittelbares, Innovatives. Genau genommen ist Mystik ein wesentlicher Aspekt von dem, was wir Person, Persönlichkeit nennen. Nur der mystische Mensch erfüllt in jeder Hinsicht das, was wir damit meinen. Nur er lotet die Tiefen der eigenen Person aus, und nur er 'ergreift' bzw. erfährt die höchsten Möglichkeiten, die ihm als Abbild Gottes eröffnet sind.

Früher definierte man Glauben als Annahme dessen, was Gott geoffenbart hat und was von der Kirche zu glauben vorgestellt wird. Das aber ist Glaube aus zweiter, dritter oder gar tausendster Hand und nicht ohne weiteres auch eine persönliche Überzeugung. Ein solches Glaubensverständnis bleibt im Grunde äusserlich: Man spricht das gemeinsame Glaubensbekenntnis, feiert miteinander die Glaubensinhalte und vertritt auch in der Öffentlichkeit die Wertvorstellungen der Kirche. Es trägt in dem Masse, wie das soziale Gefüge trägt und der Gläubige unangefochten in der Gesellschaft steht. Mystik aber ist 'Glaube aus erster Hand', eine ureigene Erfahrung, die der Gottunmittelbarkeit des einzelnen Menschen erwächst. Hoffentlich besteht letztlich kein unüberbrückbarer Abgrund zwischen diesen beiden Formen des Glaubens. Die Erfahrung zeigt nämlich, dass die mystische Erfahrung individualisiert, personalisiert, profiliert - und zwar bis in die Sprache hinein. Es ist ein historisches Faktum, dass es nicht zuletzt auch die Mystiker waren, die aufgrund ihrer inneren Erfahrungen wesentlichen Anteil nahmen an der Herausformung der Sprache. Ob italienisch, spanisch, deutsch, gleichgültig welche Sprache, es waren eben diese Erfahrungen, welche die Ausdrucksmöglichkeiten der Sprache in Gang brachten, erweiterten, vertieften, festigten. Die mystische Erfahrung stellt die Persönlichkeit und ihre Geschichtsmächtigkeit heraus - und das ist in vielen Fällen gleichbedeutend mit Andersartigkeit, Fremdheit, Konflikt, Widerstand. Aber dieser 'Glaube aus erster Hand', aus der eigenen Gotteserfahrung heraus trägt auch dann noch, wenn das Umfeld nicht mehr trägt und vielleicht sogar zur Kreuzigung ansetzt.

Es ist also von vornherein anzunehmen, dass der mystische Mensch auffällt und darum aus den unterschiedlichsten Gründen in Konflikt gerät mit der ihn umgebenden Gesellschaft oder Kirche. Ursprünglich lässt sich das ja sogar an der Bezugsperson des christlichen Glaubens ablesen. Aus seiner Gottunmittelbarkeit bzw. seiner intimen Verbundenheit mit dem 'Abba' heraus interpretiert Jesus den Jahwe-Glauben neu, und das nicht allein mit Erklärungen, Sätzen, sondern mit seiner revolutionären Liebespraxis und mit seinem Anspruch, alle Bedürfnisse des Menschen allein befriedigen zu können. In Jesu konkretem Leben zeigt sich, wie Gott da ist und da sein will. Das aber profiliert ihn dermassen, dass nur noch seine gewaltsame Beseitigung bleibt. Religiöse und gesellschaftliche Systeme können es nicht zulassen, sich durch die Gotteserfahrung eines einzelnen auf solche Weise provozieren zu lassen. Hier wird das Schicksal aller Propheten angezeigt, welche aus der erfahrenen Gottesbeziehung heraus Zustände anklagen und Veränderungen fordern.

Es ist darum auch nicht verwunderlich, dass das System Kirche immer skeptisch sein muss gegen das Aufbrechen der religiösen Tiefenschichten im Menschen. Nicht nur die Dogmatik, sondern eben auch die damit gegebene Macht gerät ins Wanken, wo jemand Erfahrungen reflektiert, neue und eigene Perspektiven entfaltet, aus den Tiefen Gottes heraus Visionen hat, die eine neue Zukunft verheissen. Der mystische Mensch befindet sich auf einer gefährlichen Gratwanderung zwischen Heiligsprechung und Hexenverbrennung, wie *Peter Dinzelbacher* (1995) unlängst in einem erschreckenden Buch nachgewiesen hat. Welches Schicksal er erleidet, hängt meist bloss davon ab, welche Reaktion der Umwelt sich durchsetzt. *Margarete Porete* (Aufl. 1987) hat ein hervorragendes Buch geschrieben, das auch heute noch wegen seiner mystischen Tiefe fasziniert. Das Buch blieb nur deshalb erhalten, weil man es einem Mann unterschob. Sie selbst wurde 1307 verbrannt. Nicht verbrannt, sondern als Heilige verehrt wurde dagegen ihre Zeitgenossin Angela von Foligno (1248-1309), deren Gedanken für das kirchliche System eigentlich viel gefährlicher gewesen wären. Einige dieser revolutionären Gedanken habe ich übersetzt in meinem demnächst erscheinenden Buch 'Liebe allem Leid entrissen'.

Der gleiche Konflikt zeigt sich auch in gesellschaftlicher Hinsicht. Ich denke, dass der Martyrer dadurch zu definieren ist, dass er, wegen seines erfahrenen Gottesbezuges, mit den ganz anders gearteten Wertvorstellungen der Gesellschaft in einen tödlichen Konflikt gerät. Ob Thomas Morus oder Dietrich Bonhoeffer, ob Mahatma Gandhi oder Martin Luther King - jeder wurde ermordet, weil der inwendig erfahrene Gott in den Widerstand gegen gesellschaftliche Gegebenheiten führte.

Dieses Widerstandspotential, das in der Mystik liegt, wird denn auch folgerichtig zum Echtheitskriterium einer authentischen Religiosität. Mystik ist darum etwas anderes als Esoterik, die sich nur allzu oft an der blossen Pflege der inneren Gärten ergötzt - gleichgültig, welche Inhalte und Mittel dafür herhalten müssen. Hauptsache, ich bin bei mir, im Licht, im Heil. Alles andere - welcher Gott, ob überhaupt Gott, welche Welt und was darin zu tun ist - ist 'Wurst'! In seiner zeitanalytischen Betrachtung charakterisiert *Peter Sloterdijk* (1996, 25f) diese esoterische Religiosität bis in kaum erkennbare Formen hinein: „Der 'letzte Mensch', das ist der mystische Konsument, der integrale Weltverbraucher - ein Individuum also, das sich nicht fortpflanzt, sondern sich selbst als einen Endzustand der Evolution geniesst. Dieser Typus bevölkert nun die Grossstädte in der modernen Welt. Da kommt eine Art von *Devotio postmoderna* auf, sprich: die Andacht der einzelnen vor sich selber. In religionshistorischer Sicht könnte man die aktuellen Ich-Religionen für ein Echo der *Devotio moderna* aus dem 14. und 15. Jahrhundert halten - das war eine Art von vorprotestantischer Bürgermystik in den nordwesteuropäischen Handelsstädten. Hier wie dort geht es um Edelegoisten, die davon religiös entzückt sind, dass es sie gibt. Sie halten sich für Juniorpartner Gottes und sind sich heimlich sicher, dass der Weihnachtsengel eigentlich von ihnen gesprochen hat. Aus einem Laienpublikum werden jede Menge Berufungen beobachtet, Berufungen zum alleinigen Leben. Berufungen zu einer quasi mönchischen, ekstatischen, selbstgeniessenden Existenz, in der der einzelne als der Endverbraucher seiner Lebenschance über die Boulevards schlendert, in seinem Appartement hockt, bei Mineralwasser und Ecstasy, und seine Augen in einem permanenten Bilderkarneval spazierenführt. Das ist der Typus des bekennenden Singles. Mir scheint, da tritt ein Menschentypus, den wir aus der Religionsgeschichte ganz gut kennen, als säkulare Figur wieder auf die Bühne". So sarkastisch das klingt und so sehr da und dort kritische Anmerkungen notwendig wären, so sehr tritt hier das Wesen einer auf sich selbst bezogenen Religiosität zu Tage, eine Beschreibung, die auch auf viele Formen der Esoterik zutrifft. Ich habe einmal eine ganze Woche mit Esoterikern verbracht: Kommunikation war nicht möglich, jeder lebte in seiner Welt, alle sprachen von ihren Welten, ein Austausch oder gar etwas Neues, Drittes, kam nicht zustande. Nach einer Woche gingen die meisten als die gleichen Individualisten, als die sie gekommen waren, wieder nach Hause.

Ganz anders die Mystik, welche sich auf den Gott einlässt. der die Welt erschaffen hat und die Geschichte der Menschen innerlich begleitet. Wie sehr Kommunikation zur Mystik gehört, habe ich oben bereits erwähnt, als ich auf ihre dynamische Bedeutung für die Erweiterung des Sprachpotentials hingewiesen habe. Hinzu kommt, dass Mystik in der christlichen Tradition immer daran gemessen wurde, ob sie die Beziehungsfähigkeit begründete und erweiterte bzw. ob sie zur Tat führte. Eine Mystik, die sich nicht als Liebestat äussert, als Speisung der Hungrigen, als Bekleidung der Nackten, als Befreiung der Gefangenen usw. war nie Mystik, sondern Täuschung und Wahn! Ebenso müsste gesagt werden: Eine Mystik, die sich abfindet mit der Ungerechtigkeit, der Arbeitslosigkeit, dem 'Laissez-faire-Kapitalismus', der Todestrafe, den Waffenarsenalen, den Atommülltransporten, dem nationalistischen Fremdenhass ... - war und ist nie Mystik. Prophetie und Protest, alternative Tat und neue gesellschaftliche Verhaltensweisen sind Wesen und Wirkung einer Erfahrung Gottes und nicht nur der ideologische Überbau einer konkreten Gesellschaft oder eine Projektion individueller Bedürfnisse. Gott hat keinen andern Mund als den unseren, keine anderen Hände als die unseren ...

Selbstverständlich ist es für Amtsträger nicht leicht, mit vielen Einzelgängern und mit dem Pluralismus der Meinungen umzugehen. In der Diözese Chur ist es nicht zuletzt wegen Bischof Haas in einer besonders heftigen Form zur Differenzierung der Überzeugungen gekommen. Das war und ist auch eine Chance und eigentlich eine Aufforderung, das kirchliche Amt auf allen Ebenen neu zu definieren. Gerade für Sie, lieber Bischof Amédeé, müsste das eine grossartige Verlockung sein, denn Sie tragen ja einen Namen, der Programm ist: 'Liebegott'! Und Gott lieben kann nur, wer die vielen Gesichter liebt, in denen er uns entgegentritt: „Wenn jemand sagt: Ich liebe Gott!, aber seinen Bruder hasst, ist er ein Lügner. Denn wer seinen Bruder nicht liebt, den er sieht, kann Gott nicht lieben, den er nicht sieht" (1 Joh 4, 20).

1.3 Vernetzen - verbinden - Brücken schlagen

Das bischöfliche Amt wird mit dem schönen Wort 'Pontifex' (Brückenbauer) verbunden. Sie, lieber Bischof Amédée, werden von daher eine ganz bestimmte Aufgabe zu erfüllen haben. Sie werden vernetzen müssen, was isoliert ist, verbinden, was scheinbar nichts miteinander zu tun hat, Brücken schlagen zwischen oft weit auseinander liegenden Ufern. Welche Perspektive! Von Gott her eine neue Verbundenheit unter den Menschen schaffen. Und das nicht mit den Mitteln der Macht, sondern mit der sich hingebenden Liebe Jesu.

Ich stelle mir das so vor:

- Der Bischof macht sich den Dialog innerhalb seiner Diözese zur Hauptaufgabe. Auf allen Ebenen: der Gesamtdiözese, der Dekanate und Pfarreien schafft er die Institution eines permanenten 'Runden Tisches'.

- Der Bischof ernennt als seine Hilfen geschulte Gesprächsleiter, welche ihrerseits nicht schon wieder Partei sind, sondern 'die Kunst der Hebammen' beherrschen. Es gibt in der Schweiz genügend Frauen und Männer, die äusserst geschickt sind und nichtdirektiv zum Gespräch animieren können.
- Dieser Runde Tisch (der regelmässig tagt und an dem sämtliche Parteien vertreten sind) legt sich in einer ersten Phase die Basis des Dialoges: die Kriterien und Gesetze, denen man sich unterwerfen möchte. Und dann kommt ein zwischen den Parteien strittiges Thema nach dem anderen an die Reihe. Der Bischof selbst unterwirft sich diesem Prozess. Er soll seine Meinung profiliert und argumentativ zum Ausdruck bringen - vielleicht viel mehr als das heute auf Seiten der Bischöfe üblich ist. Aber er weiss zwischen seiner persönlichen Meinung und der offiziellen Lehre zu unterscheiden. Er weiss, dass dieser Prozess komplex ist und nicht so selbstverständlich, wie das heute üblich ist, gehandhabt werden kann.

Lieber Bischof Amédée

Ich möchte mit diesem Brief nicht alte Wunden aufreissen, sondern Ihnen mit meinen geistlichen Gedanken ein Stütze sein. Ich bitte Sie aber, die leidvolle Geschichte, die Sie ja kennen, nicht zu verdrängen, sondern als Boden zu betrachten, auf dem eine neue Zukunft wachsen kann.

2. Von der Notwendigkeit der geistlichen Dimension

Lieber Bischof Amédée

Ich habe bereits angetönt, dass ich, wie die offizielle Kirche auch, einige fragwürdige Entwicklungen im religiösen Bewusstsein des heutigen Menschen feststelle. Das Gesicht Jesu Christi scheint in vielen Kreisen zu verblassen; Reinkarnation ist ein weitverbreiteter Gedanke geworden; Sonnenaufgänge und Naturzyklen und damit verbundene Ritualien laufen der Eucharistiefeier den Rang ab.

Damit ist das Problem beschrieben, vor dem wir heute letztlich stehen: Die Frage der spezifisch biblischen Spiritualität. Ich möchte nun diese Frage in einen grösseren Zusammenhang stellen.

Wer sich zur geistlichen Dimension des Menschen äussern will, muss sich bewusst sein, dass im deutschen Begriff 'Geist' drei unterschiedlichste Traditionen zusammenlaufen.

2.1 Emotion und Transzendenzerfahrung

Ich denke, dass wir die Probleme unserer Tage besser orten können, wenn wir von der Wortbedeutung ausgehen. Das deutsche Wort 'Geist' stammt aus dem Indogermanischen und bedeutet: Lebhaftes Bewegtsein, Aussersichsein, Aufgebrachtsein, Erschrecktsein (*Dirschel*, 1988, 188), Schaudern (*Duden*, 1963, 206). Diese Wortbedeutung fügt den Menschen ein in ein übergeordnetes, letztlich göttliches Ganzes, das auf ihn einwirkt, ihn stets neu und überraschend, unkontrolliert und unverfügbar bewegt und über sich selbst hinausführt. Anders gesagt: Der Mensch wird passivisch definiert als ein Wesen, das von göttlichen Mächten bewegt und erregt wird. Der Mensch erfährt sich als jemand, der sich nicht in den Händen hat, sondern an der Hand einer göttlichen Macht geht, deren Wirkungen er 'erleidet'.

Geist - das ist also die erlebte Ekstase: 'Ver-rückt-werden' und 'Ver-rückt-sein', der Mensch selbst, insofern er seinen eigenen Grenzen und dem engen Alltag immer wieder entrissen wird. Geist - das bedeutet Entgrenzung, die jede Definition (Begrenzung) des Menschen verbietet; Emotion, die nicht der eigenen Machbarkeit entstammt, sondern dem göttlichen Ein-Fluss. - Übrigens: Das Wort 'Einfluss' hat ursprünglich eine ausschliesslich mystische Bedeutung: das Göttliche, das in den Menschen einfliesst und in ihm zur lebendigen Erfahrung wird.

Von der indogermanischen Wurzel her liegt im Wort Geist also keinerlei rationalistische Komponente. Deshalb ist das mystische Organ noch in der barocken Mystik nicht etwa das Hirn bzw. die Vernunft, sondern das Gemüt, ein Wort, das in anderen Sprachen gar nicht vorkommt und darum zum unaufgebbaren Gut unserer deutschen Kultur gehört. Gemüt ist ein „Begriff, der im Unterschied zu den intellektuellen Funktionen die emotionalen Seiten des Menschen bezeichnet (z.B. Stimmungen, Affekte, Gefühle, Leidenschaften)" (*Meyers Lexikon*).

Geist und Gemüt führen geradewegs zu dem, was *Karl Rahner* 'das mystische Existential' genannt hat. Der Mensch ist auf die Erfahrung des Göttlichen, auf Transzendenz hin angelegt. Er lässt sich nicht aus sich selbst erklären oder definieren. Er trägt in sich selbst - und zwar wesentlich - die Bedingung, Gott erfahren zu können. Er ist so verfasst, dass er von Gott getroffen, bewegt, über sich hinausgeführt werden kann (*Albrecht*, 1974). Anders gesagt: Der Mensch ist fähig, auf der Ebene seiner leibhaften Existenz (Gemüt und Gefühl) von göttlichen Mächten bewegt zu werden. Die geistliche Dimension, die Spiritualität, ist demnach in einem noch sehr allgemeinen Sinn die Emotionalität des Menschen, insofern sie von Gott ausgeht und zu ihm zurückfliesst.

Eine solche Beschreibung des Menschen zeigt in aller Deutlichkeit, wie verkürzt das 'moderne' Menschenbild ist bzw. wie notwendig eine Heimkehr zur emotionalen Kompetenz ist. Es geht hier um das Menschenbild, das im Gegensatz zum 'postmodernen' Menschenbild steht, das ich dann gleich beschreiben möchte. Ich denke, dass diese Unterscheidung sehr hilfreich sein kann, vor allem auch, um die Entwicklung doch nicht allzu negativ zu beurteilen. Denn in jener emotionsarmen Zeit - und das ist gar nicht so lange her - gab es weder für Poesie noch für eine authentische Religion einen Platz. Dem ist heute nicht mehr so!

Die 'moderne' Zeit, die sich im Gefolge der Aufklärung auf den blossen kritischen Verstand verlassen hat, hat sich sehr weit von einem transzendentalen Verständnis des Menschen entfernt. Statt sich als Parabel zu sehen, die sich für die Unendlichkeiten Gottes unendlich offen hält, verstand sich der 'moderne' Mensch als Kugel, die ihr Zentrum in sich selbst hat und sich selbst genügt. Der 'moderne' Mensch hat sich auf eine Weise verhärtet, dass alles abprallt, was ihn von aussen her bewegen oder in Ekstase versetzen könnte. Er ist ein Kreis, der auf sich selbst zurückgebogen ist, um das Bild zu gebrauchen, das Augustinus für den sündigen Menschen verwendet hat. Von den unendlichen Möglichkeiten her, die in der unendlichen Offenheit für den unendlichen Gott liegen, ist das moderne Selbstverständnis des Menschen banal und oberflächlich. Und die Tragik besteht darin, dass der Mensch nicht einmal merkte, wie klein und bedeutungslos er dabei geworden ist. Er bleibt sich selbst die Grösse schuldig, die ihn an und für sich auszeichnet. Ein Mensch ohne geistliche Dimension ist nur noch ein Schatten seiner selbst. Und vielleicht nicht einmal mehr das!

Der 'moderne' Mensch setzt den Intellekt und seine beiden Kinder Wissenschaft und Technik absolut. So wichtig die Aufklärung ist, die das Recht der Vernunft fordert, und so notwendig das kritische Denken für das Menschsein des Menschen bleibt, so sehr muss sich die rationale Dimension des Menschen in die Emotionalität einbetten. Die Tatsache, dass gerade Akademiker und Wissenschaftler leichte Beute für Sekten und esoterische Bewegungen sind und besonders devote und leichtgläubige Anhänger irrationaler Weltdeutungen werden, muss zu denken geben. Sie ist wohl darin begründet, dass in den Intellektuellen eine letztlich unerträgliche Kluft besteht zwischen der ausgebildeten Intelligenz und der verkümmerten Emotionalität.

Doch nicht bloss der Akademiker ist in seiner Emotionalität verkümmert, sondern der 'moderne' Mensch ganz allgemein. Deswegen musste ja gegenüber der einseitigen Bewertung des Menschen durch den Intelligenzquotienten (IQ) die emotionale Kompetenz zurückgefordert werden. Der Erfolg des diesbezüglichen Bestsellers von *Daniel Goleman* (1996) war ebenso ein Fanal wie die 'Logik der Rettung' *Rudolf Bahros* (1987). Dieser forderte eine epochemachende Umpolung der äusseren Kräfte - hin zu den inneren, spirituellen und emotionalen Fähigkeiten. Der erschreckende Zustand, in den der Planet Erde und die modernen Gesellschaften gerade auch durch Wissenschaft und Technik geraten sind, zeigt, wohin ein Menschenbild führt, das ohne geistliche Dimension auszukommen meint.

Seit den Achtzigerjahren stellen wir - ist das nicht zunächst positiv? - eine erstaunliche 'Neugeburt der Religion' fest. Eine Neubesinnung auf die geistliche Dimension des Menschen ist in vollem Gange. Dafür sind die eben erwähnten Autoren so etwas wie Belege. Diese Wende wird unter anderem mit dem Namen 'Postmoderne' gekennzeichnet. Gemeint ist die Tatsache, dass Wissenschaft und Technik, welche die Moderne geprägt haben, ihre ausschliessliche Autorität verloren haben. Der ganze Mensch: die Seele, die Emotion, das Unterbewusstsein, das Selbst ... sollen Beachtung finden. Psychologische Schulen und Seminare jeder Art, New Age und Reinkarnation, Meditation und Esoterik, Sekten und fundamentalistische Gruppen und vieles mehr kennzeichnen diese Zeit nach der 'Moderne'. Die Kunst entdeckt wieder den religiösen Sinn und eine diesbezüglich vielfältige Symbolik; viele Filme (*ley*, 1997, 196) weisen auf erstaunlich viele religiöse Zusammenhänge; sogar in vielen Fernsehserien haben Klosterfrauen und Priester tragende Rollen. Die Werbung missbraucht die religiösen Sehnsüchte der Menschen, um ganz banale Produkte anzupreisen. Die 'Erlebnisgesellschaft' macht aus Mutproben quasireligiöse Erlebnisse (*j.r.*, 1997, 207) und beschreibt die Selbstvergessenheit, mit der jemand arbeitet und spielt, mit einem letztlich religiösen Vokabular. Die totale Verschmelzung eines Menschen mit den Wegen, die er geht, und den Zielen, die er verfolgt, rückt in die Nähe des mystischen Erlebens (*Csikszentmihalyi*, 1985). Der Schluss drängt sich auf: Es hat noch nie ein so religiöses bzw. leichtgläubiges Zeitalter gegeben, wie es das unsere ist. Man spricht von einer 'vagabundierenden Religiosität': „Es gibt ein neues diffuses Aufkommen von Interesse an Religiosität, das aber wenig aus der Kirche herauswächst. Die Kirchen werden immer leerer und gleichzeitig dampft die Welt vor Religion." (*Bohnet*, 1996) Phänomene also, die offensichtlich gar nichts mit Religion zu tun haben, erweisen sich bei einem zweiten Blick als entferntes Echo auf das ursprünglich religiöse Verständnis vom Menschen. Hier könnte nochmals die zeitanalytische Betrachtung *Sloterdijks* (1996) zitiert werden, die ich in Kapitel 1 angeführt habe.

Ob ausdrücklich religiös oder bloss in säkularer Form, der Geist, wie ihn die indogermanische Wortbedeutung definiert, kommt heute in einem Ausmass zur Geltung, dass sich eine ganze Reihe von Fragen stellen: Ist es letztlich gleichgültig, wovon der Mensch bewegt und durch was er in Ekstase versetzt wird - Hauptsache: er erlebt sich als Wesen, das seine Erlebnisse feiert? Genügt es, wenn der Mensch durch bestimmte Widerfahrnisse, die der mitmenschlichen Begegnung, dem Abenteuer, der Naturbetrachtung und anderem erwachsen, aufgewühlt und - statt ein stehendes Gewässer zu bleiben - ein stürmisches Meer wird? Dienen alle so gearteten Erfahrungen wirklich dem Aufbau einer Persönlichkeit, deren Kennzeichen Reife, Ganzheit, Mündigkeit, Verantwortlichkeit sind? Ist vieles, was sich als 'Religion' anbietet, nicht sogar auf die Zerstörung der Persönlichkeit ausgerichtet? Wo bleibt da die ethische Qualität des

Erlebnisses, wo die Verantwortung für andere Menschen und für die Schöpfung? Betrügt sich der Mensch mit solchen Erlebnissen nicht selbst? Bleibt er nicht dennoch bei sich selber stehen? Bleibt er nicht trotz allem eine harte Kugel, an der alles abprallt, auch wenn er die Aussenwände etwas ausgedehnt hat und etwas grösser geworden ist? Eine wahre Transzendenz, ein 'Sichselbstentrissensein', ein wirkliches 'Ver-rückt-werden' durch göttliche Mächte findet in Tat und Wahrheit nicht statt. Und wenn - was ist dann dieses Göttliche? Welches Gesicht hat es und welche Namen?

Damit werden Fragen gestellt, die unbeantwortet bleiben. Antworten können erst in den Blick kommen, wenn noch andere Traditionen, die im Wort 'Geist' zusammengeflossen sind, in Erwägung gezogen werden. Auf jeden Fall ist das das Feld, auf dem wir uns bewegen und auf dem wir unser biblisches Zeugnis faszinierend herausstellen können. Uns sind alle Chancen gegeben, Gott sei es gedankt.

2.2 Die Vernunft und die Unterscheidung der Geister

Lieber Bischof Amédée

Angesicht dieser diffusen Religiosität stellt sich also die Frage, wie wir als Kirche darauf reagieren sollen. Ich meine, dass wir zuerst einmal die kritische Vernunft bemühen müssen. Damit sprechen wir die griechisch-lateinische Tradition an, die im Wort 'Geist' auch enthalten ist.

Der Begriff 'noein' bedeutet vernehmen, begreifen und meint die Fähigkeit des Menschen, Wirklichkeit als ganze zu verstehen und auszulegen. Auch dieser Begriff setzt den Akzent auf das Passive, das 'Erleiden': das Vorhandene ver-nehmen, empfangen, in sich hineinnehmen. Selbst in der deutschen Entsprechung 'Ver-nunft' klingt etwas von diesem Empfangen der Wirklichkeit nach. Sofern die Vernunft demütig für die Ankunft bzw. den Empfang der Gesamtwirklichkeit offen bleibt und nicht selbstherrlich darüber verfügt, können wir von einer geistlichen Dimension der Vernunft reden.

Die eben erwähnte griechische Bedeutung ist freilich durch den lateinischen Begriff 'ratio' überdeckt worden. Dieser Begriff beinhaltet sehr oft das selbstmächtige Bestimmen der Wirklichkeit. Das positive Element darin ist aber dennoch die Herausstellung des unterscheidend Menschlichen: seine Fähigkeit, die Welt als Gegenüber wahrzunehmen, sie aus der Distanz zu betrachten und kritisch zu analysieren, sie begrifflich und symbolisch zu begreifen.

Die Kritik, die wir notwendigerweise an der Vernunft anbringen müssen, bezieht sich auf den ausschliesslichen und absoluten Anspruch, mit dem sie vielfach auftritt, auf die Selbstmächtigkeit und Selbstherrlichkeit, in der sie sich mit göttlichen Attributen bekleidet, auf die Verschlossenheit gegenüber einer möglichen höheren Instanz, auf die Ver-Antwort-ungs-losigkeit, die damit gegeben ist. Die Kritik der Vernunftkritiker darf aber nicht so weit gehen, dass sie der Vernunft ihr Daseinsrecht und ihre Notwendigkeit abspricht. Die Kritik muss vielmehr darauf aus sein, der Vernunft ihr wahres Gesicht wieder zurückzugeben: *Vernunft ist immer in erster Linie Vernehmen, Empfangen, Antwortgeben, Antwort auf ein Wort, das von der Gesamtwirklichkeit herkommt.* Und diese ist möglicherweise nochmals Wort und Kunde eines in allem anwesenden und doch alles übersteigenden Geheimnisses, dem Ehrfurcht und Antwort gebühren.

Insofern gibt es auch eine Bekehrung des Verstandes bzw. der Vernunft. Die Vernunft ist also höchstens in ihrer Selbstherrlichkeit schuldig geworden am Zustand unseres Planeten, nicht aber in dem, was sie eigentlich ist. Sie bleibt das notwendige Gegenüber der Wirklichkeit, die sie empfängt und wahr-nimmt. Das Verschmelzen des Menschen mit der Gesamtwirklichkeit bzw. mit Teilen der Wirklichkeit, mit der Natur oder gar mit der eigenen Emotionalität löst keine Probleme unserer Zeit. Es führt auf seine Weise ebenso zur Zerstörung. So hatte das Verschmelzen mit nationalistischen Emotionen (Faschismus) die weitgehende Zerstörung Europas und grosser Teile der übrigen Welt zur Folge (Zweiter Weltkrieg). Das Verschmelzen mit der vorgegebenen 'Lehre' eines Gurus oder einer Sekte führt, wie man geradezu verallgemeinernd sagen kann, zur seelisch-personalen Selbstzerstörung, ja oft sogar zu Massenselbstmord (1996: Sonnentempler-Sekte mit 74 Toten; 1997: Massenselbstmord der Hig-Tech-Sekte in San Diego im Zusammenhang mit dem Erscheinen des Kometen Hale-Bopp mit ca. 40 Toten) und zu Terror (1995 Nervengasanschlag des 40jährigen Aum-Sektenchefs Shoko Asahara mit 12 Toten und 5500 Verletzten).

Selbst in der Mystik, die sich auf die biblische Tradition beruft, ist die Verschmelzung von Ich und Gesamtwirklichkeit bzw. Gott kein anzustrebendes Ziel. So sehr sie von der Liebeseinheit mit Gott ('unio mystica', 'Einung', 'Einigung') spricht, so sehr ist das Gegenübersein der Liebenden konstitutiv. Aufgrund der bleibenden Differenz zwischen Schöpfer und Geschöpf und aufgrund des personalen Seins sowohl Gottes als auch des

Menschen kann es innerhalb der liebenden und bergenden Umarmung beider nie zu einer vollen Verschmelzung kommen, in der die Partner aufhören, sich selbst zu sein. Ein verschmelzendes Zerfliessen des Liebenden und des Geliebten wäre geradezu ein Kriterium für eine fragwürdige Mystik und möglicherweise ein Ausdruck krankhaften Wahnes. Aus diesem Grunde suchte Teresa von Avila einen kritischen Beichtvater, um den möglichen Gefahren der Täuschung nicht zu erliegen, und zwar, wie sie sagte und wie sich's eigentlich von selbst versteht, 'lieber einen gescheiten als einen frommen'. Die 'geistliche' Theologie hat aus demselben Grund schon früh eine Vielzahl von Kriterien zur 'Unterscheidung der Geister' entwickelt (*Schlageter*, 1980, 13-27). Mit anderen Worten: Die Vernunft ist und bleibt gerade auch in der Höchstentfaltung des Menschen, in der mystischen Erfahrung die Fähigkeit, der Gesamtwirklichkeit und der eigenen Erfahrung kritisch gegenüberzustehen.

Doch woher nimmt die Vernunft ihre Kriterien, um Wahn und Wirklichkeit voneinander zu unterscheiden? Die Antwort ergibt sich aus der ursprünglichen Bedeutung des Wortes Vernunft. Sie ver-nimmt sie aus der Gesamtwirklichkeit selbst!

- Die Vernunft vernimmt ihre Kriterien aus ihrer eigenen Anlage bzw. aus den Prinzipien des logischen Denkens: So hätten die Mitglieder der oben genannten High-Tech-Sekte den Denkfehler erkennen können, dem sie allesamt erlegen sind. Einmal das Unwahrscheinliche angenommen, dass ein Raumschiff kommt, um sie zu einer Reise in eine andere Welt abzuholen: Der bereitzustellende vollgepackte Koffer macht doch absolut keinen Sinn, wenn der Leib für diese Reise hinderlich ist. Und wenn der Koffer Sinn macht, dann erübrigt sich der Selbstmord.

- Die Vernunft vernimmt ihre Kriterien aus der psychischen Realität des Menschen: So ist der Persönlichkeitsverlust, der mit der bedingungslosen Anheimgabe an einen Guru gegeben ist und die Weigerung, gegenüber den Anforderungen des eigenen Lebens eine authentische, mündige Stellung zu beziehen, ein Rückfall in frühkindliches Verhalten.
- Die Vernunft vernimmt ihre Kriterien aus der Wahr-Nehmung der Aussenwelt: So ist eigentlich unverständlich und wissenschaftlich nicht nachvollziehbar, warum Wissenschaftler die häufig vorkommenden UFO-Entführungserfahrungen (ein diesbezüglicher Telefonhilfsdienst der Stadt Zürich registrierte Ende 1995 vier Anrufe pro Tag) als reale Ereignisse in der Aussenwelt deklarieren können (*Zürcher SonntagsZeitung,* 1997). Selbstverständlich sind solche Berichte ein Schlag gegen das etablierte Weltbild, besser: gegen eine ausschliesslich wissenschaftlich und technisch begriffene Welt. Deswegen aber müssen solche Berichte nicht gleich als Beschreibung objektiver Ereignisse gewertet werden. Entführungen durch 'nichtidentifizierte Flugobjekte' (U: *u*nidentified; F: *f*lying; O: *o*bject) sind nur insofern real, als sie innerpsychische Vorgänge darstellen. Sie finden ihre Erklärung aus der subjektiven Verfasstheit des Berichterstatters. Aus der Aussenwelt stammen dabei bloss die Bilder und Deutefiguren, wie uns eine lange, auch wissenschaftliche, Tradition lehrt, die sich auf mystische Erfahrungen bezieht.

Es geht bei allem grundsätzlich um die Frage der objektiven Wahrnehmung, die nur aus der kritischen Distanz zur Wirklichkeit möglich ist.

Die kritische Vernunft behält ihre Bedeutung für das Menschsein des Menschen. Es kann nicht gleichgültig sein, ob wir die Wirklichkeit 'wahr-nehmen' oder 'falsch-nehmen'. Es geht doch immer auch um die 'Verlässlichkeit' bzw. die unverbrüchliche Tragfähigkeit der objektiven Wirklichkeit und der menschlichen Beziehungen (hebr: emet), um die 'Überwindung der Vergessenheit' bzw. das Bemühen, die Wirklichkeit dem Vergessen zu entreissen und ins Bewusstsein des Menschen zu heben (griech: aletheia), um das Sichzeigen der Wirklichkeit und um die Übereinstimmung des denkenden Menschen mit der Wirklichkeit (lat: veritas in der Ausdeutung des Thomas von Aquin). Diese Achtsamkeit gegenüber allem, was ist, dürfte auch in ihrer wissenschaftlich-kritischen Gestalt einem wirklich geistlichen Menschen ein Anliegen sein. Nicht von ungefähr sprach Edith Stein von „Sachgehorsam“ und von „heiliger Sachlichkeit“ (*Hartmann*, 1980, 203ff). Und für *Simone Weil* ist die Schule - und ich würde hinzufügen: die Wissenschaft! - im Grunde eine Einübung in die Aufmerksamkeit, die sich letztlich auf Gott bezieht (*Weil*, 1976).

Diese Wertschätzung des Argumentes, des wissenschaftlichen Beweises, des gemeinsamen Suchens nach der Wahrheit, der Diskussion, auch der theologischen! - das ist etwas, was ich in unserer heutigen Situation für unabdingbar halte. Da darf es den Autoritätsbeweis nicht mehr geben. Allein das schlüssige Argument zählt. Wir erweisen den Menschen keinen Dienst, wenn wir im Namen irgendeiner Autorität das, was wir für Wahrheit halten, ruckzuck verkünden und möglichst auch noch mit Mitteln der Macht (Strafandrohungen, Gesetze ...) durchsetzen. Hier müssen wir - im Namen der Wahrheit selbst - sehr viel sensibler werden.

2.3 Die göttliche Dynamik

Lieber Bischof Amédée

Erst jetzt kommen wir in den ureigentlichen Bereich des kirchlichen Zeugnisses. Zwar zeigt die Beschreibung der geistigen Vollzüge, wie ich sie eben versucht habe, dass 'Geist', richtig verstanden, im Ansatz schon immer 'geistlich' ist: die Bereitschaft, sich bewegen zu lassen, sich aus der Hand geben zu wollen; die Demut, mit der der Geist die Wirklichkeit empfängt; die ehrfürchtige Behutsamkeit und die Achtsamkeit, mit der er der Wirklichkeit begegnet; das mühevolle Ringen um die Objektivität, die sogar als 'heilige Sachlichkeit' und als 'Sachgehorsam' interpretierbar ist. Ein solcher Geist jedoch wird erst dann völlig bei sich sein, wenn er von jenem ganz anderen Geist durchformt ist, den wir als Heiligen Geist bezeichnen. Damit wären wir bei der semitisch-biblischen Tradition, dem Urzeugnis unseres Glaubens.

'Geist' - das ist hebräisch: die göttliche 'Ruach' (weiblich), griechisch das 'Pneuma' (sächlich) und lateinisch der 'Spiritus' (männlich). Mit 'Ruach' ist nun freilich etwas völlig anderes gemeint: nicht mehr der Mensch in seinem Erleiden göttlicher Macht und auch nicht der Mensch in seinem kritischen Vernehmen der Wirklichkeit, *sondern Gott selbst, der seine eigene göttliche Lebendigkeit dem Menschen und der Schöpfung mitteilt und innergeschichtlich zur Geltung bringt.*

Dass diese Wirkung Gottes auf die ganze Schöpfung bzw. den Menschen ursprünglich, das heisst hebräisch, 'weiblichen Geschlechts' ist, muss heute um des Gottseins Gottes willen unterstrichen werden. Obwohl Gott jenseits jeder geschlechtlichen Differenzierung ist, können wir nicht ohne diese über ihn reden. So müssen wir, um nicht einem einseitig männlichen Gottesbild Vorschub zu leisten, auch in weiblichen Metaphern - und darum auch mit dem grammatikalischen 'weiblichen Geschlecht' - von Gott sprechen. Deshalb rede ich im Folgenden von der 'göttlichen Lebendigkeit' und ähnlichem.

Die Bücher, die zu den nachstehenden Erörterungen zur 'Lebendigkeit Gottes' führen, sind im übrigen Bücher der besonderen Art. Sie sind nach Meinung der Juden und Christen Ergebnis göttlicher 'Inspiration'. Anders ausgedrückt: Sie verdanken ihre Entstehung eben dieser Lebendigkeit Gottes selbst, der glaubenden Wahrnehmung innerhalb einer bestimmten kulturellen Tradition: Der Mensch lernt, sich unter dem 'Anhauch Gottes' auf ganz bestimmte Weise zu verstehen. Die inhaltlichen Aussagen über Gott sind deswegen immer auch Aussagen über das eigene Selbstverständnis: So und nicht anders erfährt sich der glaubende bzw. der 'geistliche Mensch' vor Gott.

Selbstverständlich kann ich hier nicht mehr rein objektiv, das heisst 'unabhängig von Glauben', argumentieren, wenn ich sage: Die Welt, gerade auch die unsere, braucht die 'göttliche Lebendigkeit'. Dennoch ist diese Aussage in einem höchsten Mass plausibel, weil sie uns als objektiv fassbare Gestalt entgegenkommt, von der her alle Einzelaspekte einer Glaubenstradition verständlich werden können. Ein solcher Glaube hat von da her seine 'Vernünftigkeit' - anders als die doch isolierten Annahmen der 'vagabundierenden Religiosität' von heute.

An den Folgen, welche Glauben zeitigt, zeigt sich die Wahrheit des Geglaubten. Ob bei einem Menschen Gott ins Spiel gekommen ist, erkennt man daran, ob er beziehungsfähiger, liebender, aufbauender, realitätsbezogener wird. Von der Heiligen Ruach her bekommt die Emotion des Menschen Ziel und Richtung, durch sie erreicht der Mensch seine ganze Geschichtsmächtigkeit und Gestaltungskraft. Wenn sie uns in semitischer Gestalt aus dem Volk Israel entgegenkommt und uns bis heute auf diese Weise offenbar wird, ist damit weder ein Werturteil über andere Religionen verbunden, noch sind andere Wirkweisen Gottes von vornherein ausgeschlossen. Aber diese Gestalt ist nun einmal jene, die für uns kulturprägend und sinnstiftend geworden ist - so wie die indogermanischen und griechisch-römischen Aspekte auch, die vorgängig zur Sprache kamen. Es ist darum von unbedingter Notwendigkeit, in der heutigen Gesellschaft jene Wurzeln aufzudecken, aus denen sie allein leben kann. Bei einem schnellen und konzentrierten Durchgang durch die Bücher der Bibel ergeben sich folgende Aspekte der 'Lebendigkeit Gottes'.

Die ordnende Kraft: Die 'göttliche Lebendigkeit' 'schwebt' über dem Tohuwabohu und über den Untiefen, aus denen das Böse aufsteigt (Gen 1, 2). Jedes Chaos, wo immer es einem begegnet, und alles Dämonische, das in der Geschichte erfahren wird, ist von Anfang an und für immer auf die ordnende Hand Gottes verwiesen. Die 'göttliche Lebendigkeit' bringt Ordnung, Klarheit, Schönheit, Frieden. Hier bringt sich ein anderer Schöpfungsgedanke zur Geltung als in der späteren Philosophie: Es geht dem biblischen Glauben nicht um die Erschaffung der Welt aus dem Nichts, sondern um die Erfahrung, *dass Gottes Lebendigkeit aus allem Durcheinander und aus allen Bedrohungen hinausführt.* Keine Verwüstung, keine Zerstörung, keine Kriegswirren, keine Umnachtung des Geistes, keine leiblichen oder geistigen chaotischen Wirren - nichts, was wegen seiner Dunkelheiten und wegen seiner bedrohlichen Unübersichtlichkeit den Menschen ängstigen könnte, ist der Lebendigkeit Gottes entzogen: „Der Geist des Herrn erfüllt den Erdkreis, und er, der alles zusammenhält, kennt jeden Laut“ (Weish 1, 7). Der Psalm 74 klagt auf eindrückliche Weise über die Verwüstung des Jerusalemer Heiligtums und formuliert den Schrei des leidenden Menschen über die alles zerstörende Wut der Feinde. Er bohrt die ewigen Fragen des Glaubens in den Himmel, um schliesslich dann doch mit deutlichem Bezug auf den Schöpfungsbericht festzustellen: „Doch Gott ist mein König von alters her, Taten des Heils vollbringt er auf Erden. Mit deiner Macht hast du das Meer zerspalten, die Häupter der Drachen über den Wassern zerschmettert. Du hast die Köpfe des Levjatan zermalmt, ihn zum Frass gegeben den Ungeheuern der See“ (12-14). Levjatan, der Drache, der im Meer wohnt, ist das Bild, das in der Bibel zusammen mit dem Erdungeheuer Behemot noch öfter gebraucht wird, um die gottfeindlichen Mächte der Geschichte bzw. die ungeordnete, gottwidrige Welt zu bezeichnen (Jes 27, 1; Offb 13, 11). Gottes Lebendigkeit aber tötet die Ungeheuer des Landes und des Wassers, sie ‘ordnet’ alles! Auch die prophetische Vision von den zerstreuten Skeletten, die durch die Lebendigkeit Gottes zu neuem Leben gebracht werden (Ez 37), und die Stillung des Seesturmes durch Jesus (Mk 4) gehören zu dieser glaubenden Deutung von Schöpfung und Geschichte. - Der Mensch erweist sich somit als ‘geistlicher’ Mensch, wenn er das Ausmass der chaotischen Wirklichkeit feststellt, eine Klage- und Fragekultur entfaltet, wie sie im Buch Hiob und in vielen Teilen der Psalmen exemplarisch gepflegt wird, und glaubend und hoffend auf die ‘Lebendigkeit Gottes’ verweist. Man sage nicht, eine solche Spiritualität hätte heute angesichts der Ängste apokalyptischen Ausmasses nicht ihre ureigene Stunde!

Die Kreatürlichkeit des Menschen: Der Mensch selbst kann nur bestehen, solange der Atem Gottes in ihm lebt. „Da formte Gott, der Herr, den Menschen aus Erde vom Ackerboden und blies in seine Nase den Lebensatem. So wurde der Mensch zu einem lebendigen Wesen“ (Gen 2, 7). Gott gibt den Atem - und er nimmt ihn auch wieder: „Verbirgst du dein Gesicht, sind sie verstört; nimmst du ihnen den Atem, so schwinden sie hin und kehren zurück zum Staub der Erde“ (Ps 104, 29). Selbstverständlich kann man darüber diskutieren, wieweit ‘Atem’ und ‘Ruach’ identisch sind bzw. sich voneinander unterscheiden. Im ersten Fall wird die irdische Zeit des Menschen so sehr mit der Lebendigkeit Gottes verbunden, dass die Würde des Menschen in einer unüberholbaren Weise herausgestellt wird: Er hat Anteil an der Göttlichkeit Gottes und an seiner Lebendigkeit. Im zweiten Fall geht es darum, den Menschen in seiner Eigenständigkeit gegenüber Gott zu beschreiben. Auf jeden Fall gilt: „Gottes Geist hat mich erschaffen, der Atem des Allmächtigen mir das Leben gegeben“ (Hiob 33, 4). Nicht betroffen ist die radikale Abhängigkeit des Menschen von seinem Schöpfer, wie sie die Bibel sehr eindrücklich beschreibt: Gottes Atem bzw. ‘Ruach’ bestimmt auf jeden Fall die ganze irdische Lebenszeit des Menschen. Von der Empfängnis bis zum Tod verdankt sich der Mensch seinem Gott, der ihm das Leben gibt und nimmt, gerade so, wie es ihm gefällt. Es gibt für den biblischen Menschen ursprünglich weder eine vorgeburtliche Existenz noch ein Leben nach dem Tod. Es gibt auch keine Ewigkeit der Seele, die sich innerhalb der

Geschichte mehrere Leibgestalten sucht, um durch den Durchgang durch die Welt schliesslich wieder zu sich selbst zurückzukehren. Schon gar nicht gibt es im Menschen etwas, das unzerstörbar und darum von sich aus ewig wäre, wie das die griechische Philosophie sagt. Vom biblischen Standpunkt aus sind Reinkarnation und Ewigkeit der Seele, für die es im Hebräischen nicht einmal ein Wort gibt, gottlose Lebensentwürfe. Der 'geistliche Mensch' definiert sich nach der Bibel ausschliesslich von Gott her. Gott ist sein bleibendes Gegenüber. Keine Sekunde zwischen Empfängnis und Tod ereignet sich ohne ihn: „Stets sind wir die Deinen, Lachen oder Weinen wird gesegnet sein", wie das schöne Segenslied 'Komm, Herr, segne uns' es sagt (*Evangelisches Kirchengesangbuch für Deutschland*). Die irdische Lebenszeit, das Diesseits behält sein ganzes Gewicht. Was nicht im Hier und Jetzt geschieht, geschieht nie mehr. Der Augenblick zählt. Das Leben muss vor dem Tod gelebt werden. Darnach gibt es weder eine Gottesbeziehung noch die Erfahrung irgendwelchen Lebens. Darum sieht das Gebet des alttestamentlichen Beters über eine lange Zeit hin so aus: „Sei mir gnädig, Herr, ich sieche dahin; heile mich, Herr, denn meine Glieder zerfallen! Meine Seele ist tief verstört. Du aber, Herr, wie lange säumst du noch? Herr, wende dich mir zu und errette mich, in deiner Huld bring mir Hilfe! Denn bei den Toten denkt niemand mehr an dich. Wer wird dich in der Unterwelt noch preisen?" (Ps 6, 3-6) Dass es ein Leben über den Tod hinaus gibt, ist erst das Ergebnis einer späteren Glaubenswahrnehmung. Noch zur Zeit Jesu war die Frage im Volk Israel nicht entschieden. Das Leben nach dem Tod ist jedoch für die, die diesbezüglich zum Glauben fanden, nicht das geradlinige, sozusagen sich von selbst ergebende Weiterleben, sondern eine neue Schöpfungstat Gottes, 'Auferweckung'. Ihr Glaube an den lebendigen Gott ist so stark, dass der Tod des Menschen und der lebendige Gott als Widerspruch erscheinen. Gott 'muss', wenn er denn ein Gott der Lebendigen ist und nicht der Toten, den Menschen aus seinem Totsein erwecken und seine Lebendigkeit über den Tod hinaus zur Geltung bringen. Und zwar nicht nur bezüglich der Seele des Menschen (so zu denken ist, wie gesagt, biblisch unmöglich!), sondern bezüglich seiner Ganzheit bzw. seiner leibhaften Existenz. Alles 'Fleisch' wird schauen Gottes Heil! Wir glauben an die 'Auferstehung des Leibes'! - Dies muss auch Folgen haben für das Gewicht, das man dem Diesseits geben muss. Die aszetische Himmelsstürmerei, die wir über all die Jahrhunderte selbst bei den grössten Vertretern christlicher Spiritualität (zum Beispiel Franziskus und Klara von Assisi) feststellen, ist von diesem Verständnis von Auferweckung her nicht mehr möglich. Der Leib darf weder ausgehungert noch abgetötet, die irdische Zeit nicht möglichst rasch hinter sich gebracht werden, wenn man wirklich an die Auferweckung glaubt. Der Leib, der wir sind, und die Zeit, die wir haben, sind der einzige Ort und der einzige Weg, in denen sich Gottes Lebendigkeit zeigen will. Im Irdischen soll Gottes Herrlichkeit aufstrahlen. Und nichts, was hier gelebt, erkämpft, gestaltet, geliebt, erkannt und gezeugt wurde, wird verloren gehen oder sich in Nichts auflösen.

Die 'griechische Häresie', von der *Gregor Palamas* spricht, hat die Spiritualität der Christen bis heute verdorben:

„Siehst du also, dass es notwendig ist, den Geist ins Innere des Körpers und in sich selbst zurückzuführen, wenn man sich gegen die Sünde erheben, die Tugend und den Lohn des tugendhaften Kampfes, besser gesagt, das Verkosten dieses Lohnes erlangen will? Den Geist austreiben wollen - ich sage nicht aus dem fleischlichen Denken, sondern aus dem Körper selbst, um so der geistigen Wonne teilhaftig zu werden - wäre aber der Gipfel des griechischen [heidnischen] Irrtums ... Wir schicken vielmehr den Geist nicht nur in den Leib und ins Herz, sondern in sich selbst zurück" (zit. bei *Jungclaussen*, 1974, 11f).

Die griechische Häresie besteht also darin, die Seele vom Leib zu lösen und eine leiblose Existenz anzustreben. Die Rückkehr zum semitischen 'Geist-Verständnis', in dem nichts Leibfeindliches steckt, ist heute angesichts der ökonomisch-ökologischen Situation, in der wir uns befinden, erste Dringlichkeit! Die Ruach sucht sich ihre Wohnung im Leib des Menschen und im 'Leib' des Kosmos, und der 'geistliche' Mensch muss den Geist in sich selbst und in seiner ganzen Leibhaftigkeit suchen und finden.

Daraus ergibt sich auch eine ganz andere Einschätzung der irdischen Wirklichkeiten. Die ganze Welt kann so zum Sakrament der Gegenwart Gottes und zur Wohnung des Geistes werden. Der wahrhaft 'geistliche' Mensch schuldet der Welt, was ihr zukommt, wie ich einmal ausführlich darzulegen die Gelegenheit hatte (*Rotzetter*, 1996a).

Die ekstatisch-prophetische Existenz: Eine der häufigsten Formulierungen in der Bibel lautet: „Der Geist des Herrn kam über ihn". Gottes Lebendigkeit entreisst den Menschen sich selbst und seinem ewigen Kreisen um sich selbst. Sie bewirkt Ekstase, Verzückung, Kommunikation, Mystik, Prophetie. Wenn wir genauer hinschauen, dann geschieht diese Ent-rückung, der 'Raptus', die 'Entführung' des Menschen durch Gott in eine zweifache Richtung: Gottes Lebendigkeit reisst in einer liebenden Umarmung den Menschen weit über sich hinaus - an ihr Herz. Dieser erlebt und feiert seine Ek-stase, sein Aussichheraustreten und damit seine eigentliche Würde. Wegen seiner Wirkgeschichte sei nur an die Entrückung des Elijas erinnert, der „mit einem feurigen Wagen mit feurigen Pferden ... im Wirbelsturm emporfuhr zum Himmel" (2 Kön 2, 22). Als Beleg soll jedoch ein Text besondere Erwähnung finden, der den Gedanken in seiner höchsten Entfaltung darstellt. Im 8. Römerbriefkapitel erreicht das Menschsein des Menschen göttliches Niveau. Der Mensch wird durch die göttliche Ruach ein Sohn, eine Tochter Gottes. Alle Sklavenmentalität, alle Angst gegenüber Gott und natürlich erst recht gegenüber den Menschen fallen von ihm ab. Er erlebt nur noch die intime Geborgenheit im väterlichen Geheimnis Gottes. Er darf sich als Erbe Gottes und als Miterbe Christi verstehen. Er darf glauben, dass seine von Leiden und Tod gezeichnete Gegenwart in die Herrlichkeit Gottes münden wird. Paulus wagt sogar den Vergleich: Die Zukunft in Gott wird so schön sein, dass alle Leiderfahrung im Vergleich dazu nichts ist. Und dann steigert sich der Apostel zur Aussage, dass der ganze Kosmos „sehnsüchtig wartet" und „seufzt", bis die „Freiheit der Kinder Gottes" zutage tritt, an der die ganze Schöpfung teilhaben soll. Wir erleben jetzt schon die Geburtswehen, die in der Geburt eines neuen Kosmos enden. Wenn wir die Jetztzeit nicht so deuten können, dann wird uns die 'Lebendigkeit Gottes' beistehen. Sie wird Hoffnung wider alle Hoffnung schenken, und sie selbst wird in uns beten und 'seufzen'. „So nimmt sich auch der Geist unserer

Schwachheit an. Denn wir wissen nicht, worum wir in rechter Weise beten sollen; der Geist selber tritt jedoch für uns ein mit Seufzen, das wir nicht in Worte fassen können. Und Gott, der die Herzen erforscht, weiss, was die Absicht des Geistes ist: Er tritt so, wie Gott es will, für die Heiligen ein. Wir wissen, dass Gott bei denen, die ihn lieben, alles zum Guten führt, bei denen, die nach seinem ewigen Plan berufen sind; denn alle, die er im voraus erkannt hat, hat er auch im voraus dazu bestimmt, an Wesen und Gestalt seines Sohnes teilzuhaben, damit dieser der Erstgeborene von vielen Brüdern sei" (Röm 8, 26-30).

Menschen, die auf diese Weise über sich hinauswachsen, sind dann auch - das ist die zweite Richtung, in die Gott entführt - erfüllt von der Leidenschaft für Gott. Sie werden Vertreter der Sache Gottes, Pro-pheten, die Gott in seinem innersten Wesen und mit seinen eigentlichen Absichten zur Sprache bringen. Sie sprechen für Gott und an seiner Stelle. Sie sollen Gottes Barmherzigkeit zur Geltung bringen, seine unbedingte Zuwendung zum einzelnen, zu jedem, besonders aber zu den Kleinen und Schwachen, den Witwen und Waisen und allen anderen vom Schicksal Gebeutelten. Und dort, wo Menschen benachteiligt, ausgebeutet, den egoistischen Interessen geopfert werden, wo Ungerechtigkeit Ursache wird für das Unglück von Menschen, da muss der Prophet das Unrecht einklagen und Gerechtigkeit fordern - gelegen oder ungelegen. Durch die Propheten will Gott die Geschichte, die Gesellschaft, das soziale Netz anders gestalten. Gott selbst legt sich in ihnen quer zu den Machtinteressen und zum egoistischen Streben. Hier wird nochmals deutlich, dass Mystik und Prophetie, Gottesdienst und Weltdienst zusammengehören. Die Gottesbeziehung besteht gerade dort nicht, wo sie sich bloss hymnisch oder liturgisch gebärdet, sondern erst dort, wo sich konkrete Zuwendung zu den Nackten, Obdachlosen ... ereignet. „Sende aus deinen Geist - und das Antlitz der Erde wird neu!“

Hier kann nun auch die Frage beantwortet werden, die im ersten Abschnitt offen bleiben musste. Der Mensch wird nicht von irgendwelchen anonymen göttlichen Kräften, sondern von der personalen Lebendigkeit Gottes emotional bewegt, ver-rückt, von sich weg in die Lebendigkeit Gottes hinein, nicht, um sich selbst zu verlieren, sondern um sich recht eigentlich zu gewinnen. Der Mensch und mit ihm die ganze Schöpfung werden aus den engen Grenzen befreit und werden, was sie an sich sein können. Dieses Ver-rücktwerden ist im eigentlichen gleichzusetzen mit Glaube, mit Anheimgabe an ein Geheimnis, in dem Gott Gott ist und bleibt und der Mensch ganz und gar sein wahres Menschsein feiern lernt.

„Sache des Glaubens ist es, dem Absoluten nicht allein als einem alle Weltgestalt übersteigenden, und sie alle infragestellenden, ja zerstörenden Urgrund mystisch sich anheimzugeben, sondern im Glauben-Vertrauen sich zugleich dem Creator Spiritus anzuempfehlen, dem Schöpfer von Anbeginn, der, soviel immer an der Mensch- und Weltgestalt aufzulösen bleibt, im letzten nicht auf indische Weltzertanzung, sondern auf schöpferische Gestalt zielt. Diese Gestalt ist dann freilich sein Werk, das des Menschen nur insofern, als dieser sich dem göttlichen Wirken ohne Widerstreben, zulassend, beistimmend, erlaubend zur Verfügung gestellt hat.

Solche ‘Kunst’ wird im christlichen Raum sichtbar in den Lebensgestalten der Auserwählten: prophetische Existenz ist im genauen Sinn die Existenz eines im

Glauben der Selbstgestaltung expropriierten Menschen, der sich zum Material göttlichen Wirkens verfügen lässt“ (*von Balthasar*, 1961, 32f).

Jesus von Nazareth - der Mensch, an dem Gott Gefallen findet: Fast alles, was bisher zur Lebendigkeit Gottes gesagt wurde, mündet und konzentriert sich auf einmalige Weise im Menschen Jesus. Dieser verweist in allem, was er sagt und tut, auf die schöpferische Kraft, die es gerade auch gegenüber den zerstörerischen Mächten zu bezeugen gilt. Er ist der ekstatisch-prophetische, ‘expropriierte’ (enteignete), für Gott ganz und gar durchlässig gewordene Mensch - und das auf eine Weise, wie es nach dem Glauben der Christen sonst nirgendwo mehr in der Menschheitsgeschichte der Fall ist. Gottes Liebe hat sich in der Hingabe dieses Menschen, in seiner tagtäglichen Zuwendung zu den Armen und in seiner „Liebe bis zum Äussersten“ (Joh 13, 1) so radikal, so unvergleichbar, so einmalig und so unwiederholbar gezeigt, dass sich der Glaube vom ‘einzigen Sohn Gottes’ geradezu aufdrängt. Jesus Christus ist auch der Mensch, in dem sich Gott als Gott der Lebendigen, nicht der Toten geschichtsmächtig erweist, indem er ihn vom Tod erweckt - sozusagen als „den Ersten der Entschlafenen“ (1 Kor 15, 20; Apg 26, 23; Kol 1, 18). In der Auferweckung Jesu zeigt sich, dass Gott alle auferwecken wird. Die Ruach Gottes ist auf vielfache Weise entscheidend für die Deutung der verschiedenen Lebensstationen Jesu:

Aus ihr ist er ‘empfangen’ (Lk 1): Was Jesus ist und in seinem ganzen Leben sein wird, was er tun wird - ist in all seiner Menschlichkeit eben doch vor allem und grundsätzlich-wesentlich ein Ausdruck der Lebendigkeit Gottes in der Welt.

Sie 'kommt auf ihn herab'. Was Lukas mit der Empfängnis in Verbindung setzt, das sagt Markus mit seinem „Anfang des Evangeliums von Jesus Christus, dem Sohn Gottes“ (Mk 1, 1): „In jenen Tagen kam Jesus aus Nazaret in Galiläa und liess sich von Johannes im Jordan taufen. Und als er aus dem Wasser stieg, sah er, dass der Himmel sich öffnete und der Geist wie eine Taube auf ihn herabkam. Und eine Stimme aus dem Himmel sprach: Du bist mein geliebter Sohn, an dir habe ich Gefallen gefunden“ (Mk 1, 9-11). Jesus ist der Mensch, mit dem sich Gottes Lebendigkeit, seine Ruach, ganz wesentlich verbindet und an dem Gott darum sein Gefallen findet. Damit wird - dürfen wir folgern - das Menschsein Jesu mit allem, was es an Worten, Taten, Ereignissen enthält, zum Thema der Kontemplation erhoben: Was Gott gefällt, das soll auch dem Menschen gefallen. Wir sollen den Glanz Gottes erkennen, der aus diesem Menschen hervorgeht, das göttliche Gewicht, das Gott diesem Menschen gibt, das Schwergewicht der Liebe, das sich in ihm zeigt. In Jesus setzt Gott den Massstab, an dem sich alle Menschen zu messen haben. Die Gestalt Jesu erschauen und verinnerlichen, sie meditieren, sie aber auch in der eigenen Lebenspraxis vergegenwärtigen - das muss aufgrund dieses 'Anfangstextes' zum Lebensprogramm des 'geistlichen' Menschen, des Christen werden. Wenn man dann auch noch das Jesajazitat, welches Markus verarbeitet (Jes 42), zur Deutung beizieht, können wir noch mehr sagen: Jesus ist der auserwählte Gottesknecht, 'der den Völkern das Recht bringt'. Er tut es auf völlig gewaltfreie Weise, ohne Geschrei und Lärm. Behutsam nimmt er sich der Schwachen an: „Das geknickte Rohr zerbricht er nicht, und den glimmenden Docht löscht er nicht aus; ja, er bringt wirklich das Recht. Er wird nicht müde und bricht nicht zusammen, bis er auf der Erde das Recht begründet hat. Auf sein Gesetz warten die Inseln. So spricht Gott, der Herr, der den Himmel erschaffen und ausgespannt hat, der die Erde gemacht hat und alles, was auf ihr wächst, der den Menschen auf der Erde den Atem verleiht und allen, die auf ihr leben, den Geist: Ich, der Herr, habe dich aus Gerechtigkeit gerufen, ich fasse dich an der Hand. Ich habe dich geschaffen und dazu bestimmt, der Bund für mein Volk und das Licht für die Völker zu sein: blinde Augen zu öffnen, Gefangene aus dem Kerker zu holen und alle, die im Dunkel sitzen, aus ihrer Haft zu befreien. Ich bin Jahwe, das ist mein Name; ich überlasse die Ehre, die mir gebührt, keinem andern, meinen Ruhm nicht den Götzen. Seht, das Frühere ist eingetroffen, Neues kündige ich an. Noch ehe es zum Vorschein kommt, mache ich es euch bekannt" (Jes 42, 3-9). Dieser eindrückliche Text enthält alles, was Jesus in seinem Leben tun wird. Es geht um Heilung, Aufrichtung, Befreiung, volles Leben, letztlich um eine ganz andere Ordnung der gesellschaftlichen Verhältnisse. Dafür wird er leben und sterben, darin zeigt sich die Lebendigkeit Gottes in der Biographie Jesu.

Sie 'ruht auf ihm': Als ob die Taufe Jesu, diese Symbolhandlung, in der sein ganzes Leben 'zusammenfällt' (griech: symballein), nicht genügte, setzt Lukas, der die Taufe Jesu ja auch berichtet, zusätzlich noch eine andere Anfangsgeschichte. Darin ist Jesus nicht mehr das Objekt, das er in der Taufe noch war, in der ihm die Lebendigkeit Gottes zuteil wird, sondern das Subjekt, das ganz bewusst seine prophetische Berufung ergreift. In der Synagoge seiner Heimatstadt Nazaret verweist Jesus auf eine ähnliche Jesajastelle (Jes 61, 1) wie die eben zitierte und identifiziert sich dermassen mit dem Programm des 'Gesalbten Gottes', dass er seine Zuhörer provoziert: „Der Geist des Herrn ruht auf mir; denn der Herr hat mich gesalbt. Er hat mich gesandt, damit ich den Armen eine gute Nachricht bringe; damit ich den Gefangenen die Entlassung verkünde und den Blinden das Augenlicht; damit ich die Zerschlagenen in Freiheit setze und ein Gnadenjahr des Herrn ausrufe“ (Lk 4, 18f). Jesus reiht sich damit ein in die Schar der Propheten, und gleichzeitig wird klar, dass er dafür auch sterben wird.

Jesus 'gibt sie hin': „Als Jesus von dem Essig genommen hatte, sprach er: Es ist vollendet! Und er neigte das Haupt und gab seinen Geist auf“ (Joh 19, 30). Man kann diese Textstelle 'banal' interpretieren, indem man einfach sagt: und starb! Ich bin jedoch überzeugt, dass uns das Johannesevangelium von seiner Anlage her etwas völlig anderes sagen will: Dieser Geist ist die göttliche Ruach, von der Jesus sein Leben lang innerlich bewegt und getrieben war, seine Liebe bis zum Äussersten und bis zuletzt (Joh 13). Zu sehr hatte doch dieser Jesus in den Abschiedsreden (Joh 16 und 17) vom Ersatz gesprochen, für den er sorge, wenn er einmal nicht mehr da sei. Und zu sehr hat er seinen eigenen Tod als die notwendige Voraussetzung hingestellt, damit seine Jünger den Beistand geschenkt bekommen, der sie sogar noch 'die grösseren Werke' tun lassen wird. Auf jeden Fall ist hier der Tod als etwas Freies und Aktives hingestellt: Jesus gibt sich völlig hin - an den Vater und seine geliebten Menschen. Er 'entbindet' damit die Ruach von ihrer einmaligen und herrlichen Konkretheit in seinem Leben und macht sie damit zur Grundbedingung der Gemeinschaft, die unter dem Kreuz entsteht (Joh 19, 25-27). Wenn man das gleiche Ereignis von Gott her sieht, dann erweist es sich als Darstellung der Liebe Gottes selbst. Auch Gott findet im Tod Jesu seine Ekstase, sein Aussichheraustreten, sein Aussersichsein, besser: seine völlige Verausgabung, Verströmung, Sichweggegebenheit. Gott ist nur noch Liebe, die die Abgründe menschlichen Schicksals bis zuunterst durchläuft und da seine Ruach mitteilt. Im Tod Jesu blitzt die Herrlichkeit Gottes in die Welt; für den Menschen Jesu bedeutet es Erhöhung und Verherrlichung (Joh 17, 1ff), für Gott, der sich darin offenbart, Erniedrigung und Herablassung. Der Mensch und die ganze Schöpfung erscheinen durch die entbundene, entfesselte und sich verströmende Lebendigkeit Gottes in einem völlig neuen Licht. Der Mensch kann sich von dieser 'ungebremsten' Lebendigkeit Gottes ergreifen lassen und die Welt, in der er lebt, mit eben dieser Kraft dem Ziel entgegenführen.

Die Verbindung zwischen der Ruach Gottes und Jesus ist so intim und wesentlich, dass der wahrhaft geistliche Mensch zum Bekenntnis gedrängt wird und beweist, dass er in seinem Erkennen und Begreifen auf die Höhe Gottes gehoben, ver-rückt ist. „Jeder Geist, der bekennt, dass Jesus Christus im Fleische gekommen ist, ist aus Gott" (1 Joh 4, 2).

„Jeder aber, der auf welche Weise immer über Jesus Christus hinaus zu Gott kommen möchte, verfehlt das trinitarische Zeugnis und damit den Glauben. In der Endlichkeit Jesu und all dessen, was mit seiner Gestalt gegeben ist und zusammenhängt, halten wir das Unendliche; durch Jesu Endlichkeit hindurch und in ihre Tiefe hinein begegnen und finden wir es oder werden vielmehr von ihm fortgerissen und gefunden; ja in der 'Aufhebung' seiner äusseren, zeiträumlichen Endlichkeit, die die Bedingung für die Ankunft des Heiligen Geistes ist, aber doch nicht anders als in seiner 'ewigen Endlichkeit' des auferstandenen Fleisches Jesu wird uns alles Innere, Unsichtbare, Geistige und Göttliche zugänglich" (*von Balthasar*, 1961, 147).

Die Kirche - ein Ort der Lebendigkeit Gottes: Aus dem Vorausgehenden ergibt sich von selbst, dass die Kirche als Gemeinschaft, die unter dem Kreuz, unter dem Zeichen der sich hingebenden Ruach, entstanden ist, der Ort der Lebendigkeit Gottes ist und sein muss. Kirche - das ist ganz wesentlich die Gemeinschaft derer, die innerlich erfasst und entflammt sind von der Gestalt, die sich Gott in Jesus gegeben hat, und die begeistert und erfüllt sind von der im Tod Jesu entfesselten Liebe. Eine solche geistliche Kirche braucht die Welt und nicht eine Kirche, die in sich selbst einfach die unerlösten und machtgierigen Verhältnisse der Welt wiederholt.

Was der kontemplative Johannes in eins fallen lässt, zerlegen die Synoptiker Markus, Matthäus und Lukas in eine zeitliche Erzähl- und Festfolge: Karfreitag, Ostern und Pfingsten. Das bedeutet jedoch keine Abweichung in der inhaltlichen Aussage. An Pfingsten wird die Kirche von den feurigen Flammen der göttlichen Ruach ergriffen. Die göttliche Lebendigkeit setzt die unterschiedlichsten Völker und Menschen in neue Beziehungen zueinander. Wirkliche Kommunikation entsteht in der Vielfalt der im Geist vernetzten Menschen, echtes Verstehen unter denen, die an sich ganz andere Sprachen sprechen; ein Gegenbild zu Babel, welches Einheit als Uniformität verstand. Hier dagegen wird Einheit in die Pluralität der Nationen und Sprachen gestiftet.

Die Rede, mit der Petrus das Geschehen deutet, ist an sich schon erstaunlich. Aus einem verängstigten, entmutigten Mann wird ein Prophet, ein Mensch, der ver-rückt wurde in die Lebendigkeit Gottes hinein und darum keine Angst mehr hat, sondern klar und deutlich sagt, was zu sagen ist. Er deutet mit Verweis auf den Propheten Joel die ganze Schöpfung von der ausgegossenen Lebendigkeit Gottes her neu; ebenso neu definiert er die Kirche, die daraus entsteht: „In den letzten Tagen wird es geschehen, so spricht Gott: Ich werde von meinem Geist ausgiessen über alles Fleisch. Eure Söhne und eure Töchter werden Propheten sein, eure jungen Männer werden Visionen haben, und eure Alten werden Träume haben. Auch über meine Knechte und Mägde werde ich von meinem Geist ausgiessen in jenen Tagen, und sie werden Propheten sein" (Apg 2, 17f).

Man sieht: die entfesselte Ruach! Kein Vorrang der Herren gegenüber den Knechten, kein Privileg der Väter! Ob alt oder jung, ob Mann oder Frau, ob Herr oder Knecht - keine innerweltlich vorhandenen und gesellschaftlich gewachsenen Unterschiede sind von Belang! Die Kirche ist nur dann Kirche, wenn sie die göttliche Ruach nicht bindet! „Der Wind weht, wo er will" (Joh 3, 8). Das gilt nach innen und nach aussen: die göttliche Lebendigkeit darf weder auf die Kirche noch auf bestimmte kirchliche Ämter eingegrenzt werden. Nur so erhält sich die Kirche die geistliche Dynamik.

Die Kirche hat allerdings im Laufe der Geschichte der Lebendigkeit Gottes wieder Fesseln angelegt. Sie setzte sich selbst absolut und missachtete die Unverfügbarkeit des Geistes. Und nach innen kam es zur Ausbildung eines besonderen 'geistlichen Standes'. Besonders die katholische Kirche meinte, sie müsste die Lücke, die durch Jesu Tod entstanden ist, ideologisch füllen. Sie spricht vom bleibenden Gegenüber des Auferstandenen zur Kirche, das im Papst, den Bischöfen, den Priestern abgebildet sei. Besonders bei der Feier der Eucharistie vertrete der Priester Jesus Christus.

Gegen eine Institutionalisierung der kirchlichen Gemeinschaft und gegen eine geordnete und gewissen Regeln unterworfene Liturgie ist nichts einzuwenden. Eine Gemeinschaft, die nur geistliches Ereignis sein möchte und institutionelle Elemente ablehnt, würde bald einmal zerbröckeln. Gerade wer die Lebendigkeit Gottes 'im Fleisch' bezeugen will, muss einsehen, dass damit auch die Bedingungen gesellschaftlichen und geschichtlichen Werdens gemeint sind. Kirche ist notwendig auch Institution! Sie kann ohne Amt nicht sein! Die Ämter, die sich ausgebildet haben und noch ausbilden werden, sind nicht nur nützlich, sondern auch notwendig. Es geht hier einzig um die ideologische Deutung der Ämter, nicht um die Ämter selbst.

Die Lücke, die durch den Tod Jesu im Jüngerkreis Jesu aufgebrochen ist, darf eben gerade nicht mit einem Menschen ausgefüllt werden. Sie wird, wie Jesus im Johannesevangelium sagt, durch den Heiligen Geist ausgefüllt. Das bleibende Gegenüber, der 'Lückenbüsser', ist die Ruach Gottes selbst. Dies wird auf einleuchtende Weise in der ikonographischen Tradition belegt, wie ich später noch an zwei Abendmahlsbildern zeigen möchte. Paulus hat - auch dies werde ich noch ausführlicher darlegen - auf eine eindeutige Weise die Gleichung Christus = Pneuma vollzogen. Und nirgendwo in seiner Charismenlehre kommt dem Amt eine markante Vorrangstellung gegenüber anderen Charismen zu. „Jedem wird die Offenbarung des Geistes geschenkt, damit sie anderen nützt“ (1 Kor 12, 7). Das eine Pneuma bewirkt im Raum der Kirche die unterschiedlichsten Charismen, von denen die Gemeindeleitung eines unter vielen ist, an keiner Stelle aber das erste (1 Kor 12, 8-11; 28-30). Eine ‘Ober*haupt*-Theologie’ ist von daher etwas völlig Fremdes. Amtsträger sind im Bildwort vom Leib Christi nie das Haupt, sondern ‘Gelenke’ (Eph 4, 15f), was natürlich etwas anderes, aber unbedingt Notwendiges ist: eine Funktion der Verbindung, der Vernetzung, der Beziehungspflege und des Brückenschlags.

Auf jeden Fall darf der oben zitierte Paulussatz abgewandelt werden: Die Welt wartet sehnsüchtig auf die Freiheit der Kinder Gottes - der Frauen und Männer, welche eine wirklich ‘geistliche’ Kirche sind und in denen die entfesselte ‘Ruach’ ihre ganze Dynamik entfalten kann. Solange sich irdische Machtinteressen ideologisch kleiden, wird es gerade das nicht geben können, worauf die ganze Welt wartet: eine Gemeinschaft, in der die Lebendigkeit Gottes alles durchdringt und beflügelt.

Lieber Bischof Amédée

Ist dies nicht eine faszinierende Aufgabe für Sie, für uns alle, die mit Ihnen zusammen Kirche bauen wollen? Die religiöse Landschaft von heute ist zwar vielfältig und nicht unbedingt christlich. Aber sie ist uns nicht feindlich gesinnt, wie gerade von amtskirchlicher Seite immer wieder gesagt wird. Wir müssen nur - das allerdings ist nicht leicht! - zwei Dinge tun: Die Vernunft walten lassen und vor allem uns der Dynamik des Heiligen Geistes überlassen. Weder die Vernunft noch der Heilige Geist brauchen die institutionelle Gewalt, um sich durchzusetzen. Die Kraft liegt in ihnen selbst. Die Vernunft braucht die Freiheit des Denkens - und sonst nichts, um zur Geltung zu kommen; und der Heilige Geist ist mächtig genug, und das erst recht in der Ohnmacht des Menschen.

3. Die geistliche Dimension der Kirche

Lieber Bischof Amédée

Die Kirche als Ort der entfesselten Liebe Gottes! Ist das nicht eine grossartige Perspektive, für die wir uns einsetzen dürfen? Kirche darf nicht zu einer Sache kleinlicher Ordnungshüter werden. So mancher Bischof, der vor seinem Amtsantritt ein geschätzter Theologe war, wird leider in seinem Amt zu einer Art Kirchenordner. Er vergisst, dass von ihm Begeisterung erwartet wird und nicht das miesmachende 'Verweisen auf die richtigen Plätze'.

Von der Kirche reden - das heisst, auch von sich selber reden! Die Kirche ist nicht einfach ein Gegenstand, über den wir distanziert reden dürften, nicht ein Thema unter vielen anderen, das wir objektiv behandeln könnten. Kirche ist vielmehr ein Subjekt, zu dem jeder und jede ganz wesentlich und innerlich gehört, weil sie eine Be-Geisterte, weil er ein Geist-Begabter ist. Kirche als Ort der entfesselten Liebe Gottes ist eine Sache des Herzens. Wer das begreift, wird es nicht zulassen können, dass jemand über Kirche spricht, ohne von den konkreten Menschen zu reden, die die Kirche bilden. Was für ein Unding ist es doch, Kirche zu sagen und den Papst und die Bischöfe zu meinen. Gerade Amtsträger haben es an sich, so von Kirche zu reden, als wäre sie ein nebulöses Gebilde jenseits der konkreten Menschen. Ich möchte Sie deshalb bitten, so von Kirche zu reden, dass die Frau Meyer und der Herr Niederdorf das Gefühl haben, dass Sie von ihnen reden.

Kirche ist subjektiv zu beschreiben, das heisst: die einzelnen Menschen müssen in einer Definition von Kirche als freie Subjekte vorkommen. Jeder Mensch soll sich darin als geliebtes Kind Gottes, als Sohn und Tochter des lebendigen Gottes erfahren dürfen.

Der Franziskanertheologe Bonaventura (+1274), von dem eine der schönsten Definitionen von Kirche stammt, gibt zu bedenken: „Naht sich dem kranken Auge der Strahl, dann wird es eher geblendet als erleuchtet" (*Bonaventura*, 1964, I, 2). Mit andern Worten: Ist mein Auge, sind die Augen der Gläubigen, sind die Augen der Amtsträger, sind die Augen der Kirche gesund oder krank, wenn sie die Sonne, Jesus Christus, erblicken? Sind wir geblendet oder erleuchtet, wenn wir von Jesus Christus reden? Und genau darum geht es: dass wir die Sonne sehen und erleuchtet werden; dass wir die Sonne, Jesus Christus, ungebrochen als heilendes und erleuchtendes Weltereignis zur Geltung bringen. Das kann aber nur geschehen, wenn das, was wir heute Spiritualität nennen, das Grundwasser ist, aus dem die Kirche lebt.

Die Spiritualität erweist sich so als die Grundfrage der Kirche schlechthin! Ich selbst bin durch eine jahrzehntelange Erfahrung zur Überzeugung gekommen, dass in allen Kirchen der Ökumene, der katholischen ebenso wie der evangelischen, ein grosses Defizit an gelebter Spiritualität und mystischer Tiefe besteht. Das Auge, das in die Sonne blickt, ist krank - entsprechend geblendet und verblendet sind die Äusserungen der Kirchen. Nur eine 'geistliche' Kirche jedoch ist eine glaubwürdige Kirche.

3.1 Was ist eigentlich Kirche?

Nach der eben genannten Feststellung steht bei *Bonaventura* (1964, I, 2) ein Satz, der mir seit Jahren wie ein

Stern am Himmel entgegenleuchtet. Die lateinische Formulierung ist dabei so prägnant und auch poetisch, dass ich sie neben meinen hilflosen Übersetzungsversuch stellen muss, der gleichzeitig auch schon viel Deutung enthält:

1	Ecclesia est unio rationalium	Die Kirche ist die Einigung der Verständigen,
2	concorditer et unifomiter viventium	derer, die im Zusammenklang der Herzen und in der inneren Durchformtheit lebendig sind.
3	per concordem et uniformem observantiam divinae legis,	Sie erleben den Zusammenklang der Herzen und die innere Durchformtheit, indem sie die göttliche Weisung befolgen.
4	per concordem et uniformem cohaerentiam divinae pacis,	Sie erleben den Zusammenklang der Herzen und die innere Durchformtheit, indem sie miteinander dem göttlichen Frieden anhangen.
5	per concordem et uniformem consonantiam divinae laudis.	Sie erleben den Zusammenklang der Herzen und die innere Durchformtheit, indem sie zusammenstimmen im Lobgesang Gottes.
6	Haec autem ordinata sunt:	Das aber geschieht in einer inneren Ordnung der Vollzüge:
7	quia laus esse non potest, ubi non est pax,	Denn es gibt keinen Lobgesang, wo kein Friede ist.
8	nec divina pax, ubi non est observantia divinae legis	Und es gibt auch keinen Frieden, wo es keine Befolgung der göttlichen Weisung gibt.

Diese Definition ist in all ihren Elementen rein geistlicher Natur. Sie steht weit über den sonst üblichen juristisch und institutionell geprägten Definitionen, die immer nur äusserlich bleiben und darum in ihren konkreten Auswirkungen immer verheerend sein müssen.

Es wird gut sein, wenn Sie diese rein geistliche Definition von Kirche zur Basis Ihres Denkens und Handelns machen können. Dann wird Kirche wieder zum Fest - wie damals zur Zeit der Synode 72.

Lassen Sie mich diesen faszinierenden Satz von Bonaventura für Sie und mich selbst, aber auch für unsere kirchliche Öffentlichkeit etwas auseinander nehmen - mit dem Blick auf unsere Tage.

1. *Kirche ist ein Bund der Verständigen*: damit grenzt sich Kirche ab von Gemeinschaften und Gruppen, in denen der Verstand ausgeschaltet ist. Die Kirche ist nicht eine Ansammlung von Herdentieren, die kritiklos irgendeinem Guru oder Bischof oder Papst nachlaufen. Bonaventura sagt das im Vorfeld seiner Definition ausdrücklich, allerdings mit einer falschen Anwendung: Er bezieht sich nämlich auf die Synagoge, was von heutiger Warte aus eindeutig eine antisemitische Fehlleistung ist. Der Satz aber steht und bleibt gültig. Jeder Fundamentalismus, der Gesetze, Dogmen, Bibelstellen zur Grundlage macht, ohne dass sie durch den Verstand vermittelt, einsichtig gemacht oder begründet wären, ist damit als unkirchlich erklärt. Ebenso ausgeschlossen ist die Beliebigkeit, mit der heute im Bereich des Irrationalen gefischt wird. In gleicher Weise ist damit die 'Instruktionsmentalität' der römischen Kirche als unkirchlich entlarvt. Kirche muss sich als Glaubensgemeinschaft verstehen lernen, die ihren Verstand gebraucht und mit Argumenten

überzeugt. Anders gesagt: Wenn es ein Amt gibt in der Kirche - und Sie, lieber Bischof Amédée, sind dazu berufen - , dann ist es dies: die Menschen als Vernunftwesen zu achten und untereinander zu verbinden.

2. *Kirche ist ein Bund von Menschen, die sich im Zusammenklang der Herzen und in der inneren Durchformtheit erfahren*. Damit unterstreicht Bonaventura die horizontale und die vertikale Dimension der Kirche:
Diese beiden Dimensionen sind im Deutschen äusserst schwer zu übersetzen. Interessant dabei ist, dass Bonaventura sich oft mit Begriffen ausdrückt, die der Kunst entnommen sind.

- *Die Vertikale*: Die innere Durchformtheit: uniformiter - das hat nichts mit Uniform zu tun, nichts mit einer bloss äusserlichen Einheit. Forma - das ist Gestalt, Schönheit, Ganzheit, innere Form, noch besser: Durchformtsein, Beseeltsein. Es kann kein Zweifel sein, dass Bonaventura damit den Schöpfergott meint, den Heiligen Geist, der alles gestaltet und innerlich zusammenhält. Mit anderen Worten: Jeder und jede, die zur Kirche gehört, ja die Kirche als ganze lebt aus der mystischen Schau Gottes. „Im Anschauen deines Bildes werden wir verwandelt in dein Bild", singt man heute in geistlichen Gruppen. Wo dieses Anschauen Gottes nicht zur Lebensform geworden ist, kann nicht von Kirche gesprochen werden.
- *Die Horizontale*: Der Zusammenklang der Herzen: concorditer - das hat nichts mit Diktat zu tun, mit einer äusserlich verfügten und diktierten Einheit. Concordia - das ist Spontaneität, Zusammenklang, liebende Verbundenheit. Ich wiederhole: Kirche ist nur als concordia Kirche! Man sagt immer wieder: Kirche sei keine

Demokratie. Richtig, würde ich sagen, aber sie ist noch viel weniger eine Monarchie und schon gar keine Diktatur. Keiner der Begriffe, welche aus dem politischen Bereich stammen, trifft das, was Kirche sein soll. Und wenn dennoch solche Begriffe verwendet werden müssen, dann kommt Demokratie noch am ehesten in Frage. Denn schliesslich ist die Kirche das Volk Gottes. Auf keinen Fall darf dieses Volk von der Logik der Herrschaft geleitet werden. Weder darf die Mehrheit die Minderheit beherrschen, wie das mit der Demokratie oft gegeben ist, noch darf es eine elitäre Klasse geben, welche über andere gesetzt ist, wie das der Begriff Hierarchie zum Ausdruck bringt. Auch eine heilige Herrschaft widerspricht dem Wesen der Kirche. Nochmals: nichts gegen die Ämter an sich, aber alles gegen ein Amtsverständnis, das sich mit den Begriffen Macht und Herrschaft verbindet. Kirche ist nur als vielstimmiges Konzert, das zusammenklingt, nur als Übereinstimmung der Herzen Kirche.

Die Vertikale und die Horizontale müssen eine unauflösliche Einheit darstellen. Die eine kann ohne die andere nicht sein. Jede zwischenmenschliche Wirklichkeit wird in der Kirche durch den einheitsstiftenden und gestaltgebenden Gott bestimmt. Und alles, was sich zwischen den Gläubigen abspielt, wird in die göttliche Dimension aufgenommen. Erst das Zusammenspiel beider Dimensionen macht das aus, was wir christliche Spiritualität nennen. Dies betont Bonaventura dadurch, dass er dieses Zusammenspiel an *drei kirchlichen Vollzügen* konkretisiert.

3. *Darum ist Kirche ein Bund von Menschen, die nach der göttlichen Weisung leben*. Wenn Bonaventura hier von göttlichem Gesetz spricht, dann meint er damit weder das kirchliche Gesetzbuch oder andere kirchliche Weisungen/Instruktionen noch die kirchliche Dogmatik. Hier ist nichts weniger als die Offenbarung Gottes selbst gemeint. Kirche lebt wesentlich aus der Gottesbeziehung. Und zwar durch jene Beziehung, die Gott selbst herstellt, indem er sich vergegenwärtigt, sich mitteilt, sich zeigt und uns damit herausruft und in die Verantwortung stellt. Diese Gottesbeziehung muss die ganze Kirche - vertikal - durchformen und - horizontal - verbinden. Wenn es ein Amt gibt in der Kirche, und Sie, lieber Bischof Amédée, haben ein solches, dann ist es dieses: den Glanz Gottes sichtbar zu machen und den Menschen zu helfen, diesen Glanz Gottes zu sehen und im Anschauen dieses Glanzes zu leuchten und zu glänzen.

4. *Kirche ist ein Bund von Menschen, die dem göttlichen Frieden verpflichtet sind*. Für Bonaventura ist dieser Friede nichts Banales, sondern ein alles umfassendes Geschenk Gottes. Er meint sowohl die umfassende Zufriedenheit des Individuums als auch die umfassende Versöhnung der Menschen untereinander. Friede - das ist die Realität der Kirche selbst und zwar nochmals in der erwähnten vertikalen und horizontalen Dimension. Wenn es ein Amt gibt in der Kirche, dann ist es dieses: den Frieden, den Gott schenkt, in Wort und Tat zu verkörpern und den Menschen zu helfen, den geschenkten Frieden Gottes im konkreten Zusammenleben zu leben.

5. *Kirche ist ein Bund von Menschen, die sich zum Gottesdienst, vor allem zum unverzweckten Lob Gottes zusammenfinden*. Für Bonaventura ist Gottesdienst nicht

ein bloss äusseres Zusammensein, sondern eine innere Harmonie, eine Konsonanz, Übereinstimmung der Herzen, eine - horizontale - Verbundenheit. Sie erwächst - vertikal - aus dem Überschuss des göttlichen Lebens, der in allem zu entdecken ist, aus der überfliessenden Fülle Gottes, die es zu feiern und zu besingen gilt.

6. *Kirche ist ein Bund von Menschen, die sich der inneren Ordnung der Dinge bewusst sind.* 'Ordnung' - das ist für Bonaventura nicht in erster Linie mit institutionellen Aspekten verbunden, sondern mit inneren Wertehierarchien. Er ist sich bewusst, dass diese innere Ordnung genau die ist, die er in seiner Definition der Kirche aufgezählt hat. Zuerst die Offenbarung, der Glanz Gottes, dann der so empfangene Friede und schliesslich das Lob Gottes. Wie soll man Gott loben, wenn man vorher nicht den Frieden erfahren hat? Wie soll man Gottesdienst feiern, ohne vorher Frieden gesucht zu haben? Wie Eucharistie feiern, wenn man nicht aufgehört hat, die Kirche zu spalten oder gar, wie man heute sagen muss, die Kirche zu zerstören? - Und wie soll man den Frieden erfahren, wenn uns vorher nicht die Offenbarung Gottes aufgegangen ist? Ja, wie soll man Frieden finden können, wenn man immerzu nur mit krankem Auge auf die Sonne schaut und geblendet und verblendet ist? Hier ist wohl die denkbar heftigste Rückfrage an die kirchliche Wirklichkeit formuliert, in der immerzu Gottesdienst gefeiert wird - ohne den vorausgesetzten Frieden und ohne die vorausgesetzte Gottesoffenbarung. In der Praxis müssen von daher ganz andere Akzente gesetzt werden, meine ich. Und auch die offiziellen Akte der Bischöfe und des Papstes würden anders aussehen, wenn sie von diesem Geist getragen wären.

Wo gibt es eine solche Kirche, wo die Kirche zum Fest geworden ist? Die bonaventurianische Kirche ist offenbar eine Vision, die kaum irgendwo verwirklicht sein dürfte. Aber eines ergibt sich auf jeden Fall: die Glaubwürdigkeit der Kirche nimmt in dem Masse zu, wie sich die Realität der Kirche diesem spirituellen Verständnis von Kirche annähert.

3.2 Betende Kirche

Deshalb möchte ich, lieber Herr Bischof, anhand einiger Bilder aus dem Franziskuszyklus von Giotto in der Oberkirche San Francesco zu Assisi einige geistliche Dimensionen aufzeigen, die für das Leben der Kirche von Bedeutung sind.

Betrachten wir zunächst das vierte Bild in diesem Zyklus (Bild 1): Franziskus kniet vor dem Kreuz und betet - mit ausgebreiteten Armen und offenen Augen. Das Gebet selbst ist bekannt. Es lautet (*Rotzetter*, 1990b, 175):

Höchster
herrlicher Gott
Erleuchte die dunkle Nacht
in meinem Herzen
Gib mir
echten Glauben
sichere Hoffnung
vollkommene Liebe
Sinn und Erkenntnis
Ja, Herr
Beweg mich
dass ich Deinen heiligen und wahren Auftrag tue
Amen

Bild 1: Giotto, Franziskus betet vor dem Kruzifix in San Damiano (IV).

Franziskus bittet also um Licht und um eine Aufgabe. Sein Herz sieht noch nichts, aber es ist völlig offen und verfügbar für alles, was kommen mag. Und dann hört Franziskus: „Siehst du nicht, wie mein Haus zerfällt? Geh, stell mein Haus wieder her.“ Und Franziskus legt dann Hand an: Er baut die Kirche San Damiano wieder auf.

Das Bild aber sagt mehr: nur dort, wo man kniet, betet, sich glaubend, hoffend, liebend auf Gott bezieht, wo man sich völlig verfügbar zeigt für Gottes Wort und Weisung, bonaventurianisch: für die Offenbarung Gottes, ist die Kirche ganz, heil, glaubwürdig. Giotto hat das eindrücklich dargestellt: Der kniende Franziskus ist schön umgeben von zwei Säulen, über ihm ist das Gebäude so schön wie am ersten Tag. Hinter ihm und vor ihm ist die Kirche zerstört. Die Kirche kann nur dann der Ort sein, wo der Mensch ganz und gar geborgen, geschützt, von der Liebe Gottes umhüllt ist, wenn sie ein Ort des Gebetes ist, der gefeierten Gegenwart des Lichtes, der gepriesenen Offenbarung, des gehörten und befolgten Wortes Gottes.

Giotto stellt in seiner 'Kirchenarchitektur des Gebetes', wie ich dieses Bild nennen möchte, einen einzelnen dar. Es kommt auf den einzelnen an! Jeder und jede soll mystisch in Gott verwurzelt sein. Der einzelne soll in seiner Persontiefe erleuchtet, bewegt, aufgerufen werden. Die einzelne soll Gott aus erster Hand erfahren und sich nicht nur abstützen müssen auf Vorbilder und Autoritäten. Allerdings gilt auch: Nur im Zusammenspiel der vielen einzelnen Beter kommt die gottesdienstliche Gemeinschaft zustande, in der Kirche wirklich Kirche ist, weil sie ganz und gar erfüllt wird von der Gegenwart Gottes.

Gebet ist die bedingungslose Anheimgabe an Gott, das Hingerissensein in die liebende Gegenwart Gottes hinein und - gleichzeitig! - die unverstellte Offenheit für das, was Gott für einen bereithält. Oder mit Bonaventura: Man muss ein gesundes Auge haben! „Naht sich dem kranken Auge der Strahl, dann wird es eher geblendet als erleuchtet“ (*Bonaventura*, 1964, II, 2). Gebet darf nicht Projektion eigener Wünsche sein, so sehr Gebet intensives Wünschen ist. Gebet steht immer unter dem Vorbehalt: „Doch nicht mein Wille, sondern der Deine geschehe“ (Lk 22, 42; Mt 6, 10). Gebet muss für neue und möglicherweise ganz andere Lösungen öffnen. Selbst dort, wo man glaubt, die Lösung zu haben, muss man sich im Gebet öffnen. Wo man sich auf die eigenen Wünsche und Überzeugungen fixiert, betet man nicht wirklich. Ganz schlimm wird das, wenn so etwas dann auch noch im Namen der Kirche geschieht bzw. wenn ein Priester, Bischof oder Papst in der Öffentlichkeit betet und dabei im Namen der Kirche betet, aber nichts anderes als seine persönliche Meinung kundgibt. Im Gebet geben wir uns vielmehr völlig aus der Hand und öffnen uns für die ganz anderen Möglichkeiten Gottes.

3.3 Prophetische Kirche

Auf die Prophetie bezieht sich Bild 2, das ich Ihnen, lieber Bischof, zeigen möchte. Es ist das fünfte Bild im Giottozyklus.

Sie sehen den berühmten Prozess zwischen Franziskus und seinem Vater vor dem Bischof Guido von Assisi. Franziskus hat seine Kleider bereits ausgezogen und dem Vater vor die Füsse geworfen. Dieser hat die Kleider in seinem Arm; er muss gewaltsam zurückgehalten werden, sonst käme es gleich zu einer öffentlichen Ohrfeige. Da ist nichts mehr zwischen Franziskus und seinem Vater, dem es nach der Legende nur um Geld und Geltung geht, nicht aber um das wirkliche Leben, das Franziskus sucht. Da gibt es von oben bis unten einen unüberwindlichen Graben. Auf der einen Seite lauter Horizontalismus, lauter Diesseitigkeit; die Blicke, die Arme - alles waagrechte Linien, und Gottes Gegenwart unbeachtet im Rükken. Auf der anderen Seite des Grabens dagegen der Blick und der Arm nach oben - zur Hand Gottes, die aus dem Himmel ragt.

Bild 2: Giotto, Franziskus sagt sich von den väterlichen Gütern los (V).

Franziskus sagt: „Bis jetzt habe ich gesagt: Vater Bernardone; von nun an sage ich: Vater unser im Himmel!"

Franziskus wird durch sein Denken, durch seine Geschwisterlichkeit, durch seine Besitzlosigkeit - durch alles zu einem Zeugen der Transzendenz, zu einem einzigen Fingerzeig auf den Gott, der da ist, zu einem Propheten, der die Sache Gottes in aller Öffentlichkeit zur Sprache bringt.

Nun ist es aber gerade auch für das Amtsverständnis bedeutsam, dass der Bischof den nackten Franziskus in seinen Mantel hüllt. Das ist kein Ausdruck der Prüderie, wie man denken könnte. Der Bischof bedeckt nicht die Scham des heiligen Franz. Die Bildsprache besagt etwas völlig anderes: Was Franziskus da eben gesagt und getan hat, ist das Grundzeugnis der Kirche. Kirche ist Kirche nur in dem Masse, wie sie über sich hinausweist und sich durch ihre prophetische Sendung von der Gesellschaft unterscheidet. Kirche kann und darf nicht gleich mit Geld und Geltung umgehen wie die bürgerliche Welt. Sie muss jene in *Schutz* nehmen, die das Gottsein Gottes gegen alles Irdische bezeugen. *Kirche muss sich der Logik der Macht widersetzen und sich der Logik der solidarischen Liebe anschliessen.* Wo das geschieht, ist Kirche wirklich Kirche! Wo sie es nicht tut, hat sie ihre Sendung verraten.

Kirche darf also nicht das Spiel der Mächtigen und der Reichen spielen. Sie muss sich unterscheiden durch ein völlig anderes Denken und durch ein radikal anderes Verhalten. Kirche muss prophetische Kirche sein. Der Graben zwischen Gesellschaft und Kirche muss auf jeden Fall so deutlich sein, dass kein Zweifel besteht: die Kirche lebt aus dem Glauben an die weisende, führende, bergend-zärtliche Hand Gottes. Sie lebt aus einer anderen Substanz als die Gesellschaft: nicht von Besitz und Eigentum, nicht von Macht- und Machbarkeitsgedanken, nicht von Geld und materiellen Anlagen, sondern ganz und gar aus dem Gedanken, Söhne und Töchter Gottes zu sein und in der väterlich-mütterlichen Liebe Gottes geborgen. Und das bedeutet: sich einsetzen für eine menschenwürdigere Welt, in der die Menschen ihrer göttlichen Würde entsprechend leben können, und für eine Schöpfung, in der alles, was ist, geschwisterlich miteinander verbunden ist.

Dazu gehört auch das sechste Bild des Zyklus (Bild 3). Es zeigt uns Innozenz III., der eine Vision hat: die Kirche wird gerettet durch einen armen Mann, den er als Franz von Assisi identifiziert.

Das gleiche Bildmotiv verwendet Nicola Pisano (*von Matt*; *Vicaire*, 1957, 102) auf dem Grabmal des heiligen Dominikus in Bologna, und zwar ungefähr zur gleichen Zeit (1267), in der Bonaventura die Geschichte auf Franziskus bezieht (*Bonaventura*, 1962, III, 10). Und Bonaventuras Franziskusleben liefert Giotto das Material. Bei Pisano ist es, wie gesagt, Dominikus, der die Kirche vor dem Zusammenbruch bewahrt. Auf welche Persönlichkeit sich die päpstliche Vision ursprünglich bezieht, ist eigentlich nicht so wichtig. Wichtiger ist ihr Symbolgehalt. Beide, Franziskus und Dominikus, vertreten ja auf ihre Weise die solidarische Zuwendung zu den Armen. Wir sehen das Bild eines visionären, weitblickenden Papstes, der erkennt, worin das Eigentliche der Kirche besteht: Sie wird nur bestehen können, wenn die Armen in ihr ihren Platz haben. Die Solidarität mit den Armen oder, wie wir heute auch sagen, die Option für die Armen, ist der Eckpfeiler der Kirche. Wo sie nicht vorhanden ist, verliert die Kirche ihren Anspruch, Kirche Jesu Christi, geistliche Kirche zu sein.

Bild 3: Giotto, Traum Papst Innozenz‘ III. (VI)

3.4 Spiritualität als Perspektive

Was ich Ihnen, lieber Bischof Amédée, bisher gesagt habe, genügt noch nicht, um die Kirche als wirklich geistliche zu beschreiben. Ich möchte dazu den kunstgeschichtlich bedeutsamen Begriff der Perspektive aufgreifen. Giotto ist übrigens derjenige, der als erster mit der Perspektive zu arbeiten begonnen hat.

Erst mit der Perspektive entsteht der Eindruck eines dreidimensionalen Raumes und einer grossen Tiefe. Der Eindruck „wird dadurch hervorgerufen, dass alle auf dem Bild abgebildeten Gegenstände parallel zu einer strahlenförmigen Linienstruktur angeordnet sind, deren Schnittpunkt ausserhalb des Bildes liegt. Der Schnittpunkt gehört nicht zur Welt des Bildes, sondern befindet sich in reiner Extraposition zum Bild" (*Tidemann*, 1993, 52). Der Fluchtpunkt jenseits des Bildes hält also das ganze Bild zusammen. Wenn man nun statt Bild 'sichtbare Wirklichkeit' sagt, dann stellt sich die Frage: Welches ist der Fluchtpunkt jenseits der sichtbaren Wirklichkeit, der diese innerlich zusammenhält? Anders gefragt: Welches ist der übergeordnete Bezugspunkt, der dafür besorgt ist, dass das, was wir sehen, nicht lauter isolierte, zusammenhangslose Inseln sind? Erst wenn dieser Fluchtpunkt gefunden ist, können wir davon reden, dass der sichtbaren Wirklichkeit ein Sinn innewohnt. Wir können dann mit *Tidemann* (1993) von einer perspektivischen Lebensform reden.

Kirche, können wir nun sagen, ist eine perspektivische Lebensform. Für uns Christen hat ja der Bezugspunkt, auf den alles hinläuft und von dem her das Ganze seinen Sinn empfängt, ein Antlitz, ein Gesicht, anders gesagt: der Bezugspunkt ist eine Person, die uns anspricht und der wir Du sagen dürfen.

Es ist naheliegend, den Heiligen Geist Gottes als Perspektive der Welt und als Fluchtpunkt der Kirche zu bezeichnen. Auf ihn hin muss alles laufen, was in der Kirche geschieht, von ihm her muss alles entstehen, er ist das Liniennetz, das alle innerkichlichen Vollzüge miteinander verbindet und zusammenhält.

Ich möchte Ihnen das Gesagte, wie angekündigt, an zwei sich ergänzenden Bildern aufzeigen:

Das Abendmahl Jesu (Bild 4)**:** Da ist die Abendmahlsdarstellung von Pietro Lorenzetti, das Fresko aus der Unterkirche San Francesco zu Assisi: ein runder Tisch, ein Kreis, eine echte Communio, in der jeder mit jedem verbunden ist. Hier wird in der Sprache der Zeichen deutlich, was Eucharistie und was von daher Kirche ist: leibhaft-existentielle Verbundenheit von Menschen mit Christus, eine innerlich starke Verkettung von einzelnen Menschen, die um Jesus versammelt sind. Von hierher müssen wir uns fragen, was wir zum Ausdruck bringen, wenn wir uns zur Eucharistiefeier einfinden: der eine da in der ersten Bank, die zweite links hinten, lauter vereinzelte Frauen und Männer, die offenbar nichts miteinander zu tun haben wollen; höchstens in den beiden letzten Bänken dicht beieinander solche, die einzig der Wunsch verbindet: ja weit weg, nur nicht zu nahe treten! - Kirche ist nur als echte Versammlung, als runder Tisch wirklich die Kirche Jesu Christi.

Jesus hat den Vorsitz inne, an seiner Brust der Lieblingsjünger Johannes, der übrigens mehr als tausend Jahre lang als 'Jungfrau' gefeiert wurde: eine Kommunion innerhalb der Kommunion. Kirche - das ist auf jeden Fall die intim erfahrene Liebesbeziehung Christi, Umarmung und Kuss, Bund, der alles, auch die Schöpfung neu und unauflöslich verbindet. Selbst Tiere feiern hier ihr Abendmahl!

Bild 4: Pietro Lorenzetti, Abendmahl.

Die pfingstliche Kirche: Vergleichen wir nun das obere Bild mit der Pfingstdarstellung des Westfälischen Meisters auf dem Osnabrücker Altar, ein Bild, das heute verbreitet ist und auch auf der Titelseite dieses Buches steht. Wir sehen wiederum einen runden Tisch; jeder ist mit jedem eng verbunden, nichts kann da dazwischenkommen. Nur als Versammlung, als wirkliches Zusammenrücken, ist die Eucharistie Eucharistie, ist die Kirche wirklich Kirche! Ihre Verbundenheit lebt von der Hostie in der Mitte. Sie, das Zeichen des Auferstandenen, ist die Substanz, von der alle leben, die Mitte, die alle an sich und an den Bruder, die Schwester bindet. An Stelle der 'Jungfrau' Johannes sitzt die Jungfrau Maria. Worauf es nun aber ankommt, ist die Stelle, die durch den Tod Jesu leer geblieben ist. Der Vorsitz wird nicht durch einen menschlichen Stellvertreter eingenommen, sondern durch die Taube, das Symbol für den Heiligen Geist.

Die katholische Theologie - ich habe es bereits gesagt - kann diese Leere, die durch den Tod Jesu entstanden ist, offenbar nicht aushalten. Sie fordert darum den Priester, den Bischof, den Papst - mit der besonderen Sendung, Christus als das bleibende Gegenüber der Kirche zu repräsentieren. Sie begibt sich damit auf einen sehr gefährlichen Weg. Mit der Gleichung Jesus = Priester geht die Perspektive verloren. Aber auch der Bezugspunkt, der jenseits der sichtbaren Wirklichkeit angesiedelt ist, der Heilige Geist, der das Brot heiligt und zum Zeichen der bleibenden Gegenwart des Auferstandenen macht, geht verloren. Die Kirche gerät in den Sog des Ungeistes, der Logik der Macht, der Geltungssucht, des Klerikalismus ... Die Kirche verliert so jede Transzendenz, jedes Übersichhinausweisen, alle mystische Tiefe. Sie wird banal. Die Sonne wird verdunkelt. Der Klerikalismus, der im Widerspruch zur Eucharistiefeier steht (Lk 22, 24-30), bewirkt immer wieder eine partielle oder gar totale Sonnenfinsternis. Wohlverstanden: Mir geht es nicht um die Abschaffung des Weihepriestertums, sondern um die Entideologisierung desselben und um ein anderes Verhalten. Das Amt muss eingebettet bleiben in das allgemeine Priestertum; eine Demokratisierung des Amtes, die die Perspektive des Heiligen Geistes wahrt, ist unumgänglich. Die Eucharistie ist nicht der Ort der Selbstbehauptung, des Machtanspruchs, der Privilegierung bezüglich Position und Monopolisierung bezüglich der Texte. Wie kann man nur so etwas von kirchenamtlicher Seite fordern, wenn man Christus vor Augen hat, der sich in der Eucharistie vergegenwärtigt? Eucharistie - ein Gerangel um die ersten Plätze - welch ein Hohn!

Ich wage eine Behauptung: Je stärker das Priesteramt als Christusamt gedeutet wird, umso weniger wird die Kirche annehmbar für denkende Menschen. Sie, lieber Bischof Amédée, wissen mit Sicherheit, dass der Titel 'Stellvertreter Christi' - bezogen auf den Papst - erst im 12. Jahrhundert auf den Papst übertragen wurde, ein Titel, der vorher dem Kaiser vorbehalten war (*Paravicini Bagliani*, 1997, 68). Die Herkunft des Titels ist also herrschaftlicher, ja machtpolitischer Art. Damit aber gerät das Petrusamt - das gleiche gilt auch für Bischöfe und Priester, die sich so verstehen - in den Sog irdischer Machenschaften und gesellschaftspolitischer Mechanismen, die von Jesus entschieden abgelehnt werden. Und das steht, wie ich bereits mehrfach gesagt habe, in einem derart auffälligen Gegensatz zur Intention Jesu, dass man sich nur wundern kann, warum das nicht gesehen wird. (Mt 20, 20-28). Ich gebe zu, dass im Verlauf der Geschichte vieles von den ehemaligen Machtmitteln abgebaut werden musste, ich wiederhole: musste. Denn noch nie haben Machthaber freiwillig auf Macht verzichtet. Es sind immer Entwicklungen, die dazu geführt haben. Darum ist auch das heutige Papsttum zu befragen, was denn überhaupt noch vom ehemaligen Machtanspruch übrig bleiben darf. Gehört dazu nicht zum Beispiel auch die vieldiskutierte Unfehlbarkeit? Der Franziskaner Petrus Johannes Olivi hat sich vehement gegen jene gewehrt, die den Papst als sozusagen sakramentale Christusgestalt deuteten und gesagt haben, das physische Erscheinungsbild des Papstes sei wie Brot und Wein bei der Eucharistie: es mache Christus persönlich sichtbar und erfahrbar. Dagegen sagt Olivi: „Ist der Papst unerschaffen, unendlich, sündenlos, unfehlbar und allwissend wie Christus? Nur Irre denken und sagen dergleichen“ (*Oliger*, 1918, 368).

Hier wird eine Ideologie des Papsttums betrieben, die auch heute noch anhält und von kirchenoffizieller Seite geduldet oder gar gefördert wird, die aber nichts mehr mit dem Projekt Gottes zu tun hat. Gott hat in Jesus Christus auf alle Macht verzichtet (Phil 2, 5ff). Herrschaft und Macht gehören in den weltlichen Bereich, die Kirche ist dazu eine Alternative. Je mehr Kirche als Raum der Herrschaft und Macht erscheint, um so mehr verrät sie dieses grossartige Projekt Gottes. Das gilt auf allen Ebenen: Weltkirche, Diözese, Pfarrei, Gruppe, Einzelner und Einzelne ...

Die Ablehnung, die die Kirche heute erfährt, hat, meine ich, auch mit diesem überzogenen Anspruch der Kirche zu tun. Sie hebt sich selbst auf ein Podest, das ihr nicht zusteht. Kirche muss in Tat und Wahrheit Christus bezeugen, auf ihn hinweisen, von sich weg. Das wird sie nur tun, wenn sie auch auf missverständliche Titel, wie

'Vicarius Christi' (Stellvertreter Christi) einer ist, verzichtet.

Doch kehren wir, lieber Bischof, nochmals zu den Giottobildern zurück.

Franziskus, Glied der Kirche oder einsamer Beter? Ich habe bereits genug gesagt, was Gebet ist. Unter dem Aspekt der Perspektive muss jetzt aber noch einiges hinzugefügt werden: Der Beter darf sich nicht von der kirchlichen Gemeinschaft aussondern. Die Perspektive des Gebetes ist der Heilige Geist, dessen vornehmste Gabe die Kommunikation ist: „Die Gnade unseres Herrn Jesus Christus, die Liebe Gottes des Vaters und die Kommunikation des Heiligen Geistes“ - das ist eine der Begrüssungsformeln am Anfang der Eucharistiefeier.

Über den drei Bildern 1, 2 und 3 (siehe oben) stellt Giotto die Geschichte Abrahams dar. Franziskus muss also von Abraham her verstanden werden, dem Urbild des Glaubens (Röm 4, 10ff). So bezieht Giotto den betenden Franziskus auf das mystische Mahl, in dem Abraham drei Fremde bewirtet. Dieses Mahl wurde von jeher eucharistisch interpretiert. Mit anderen Worten: Das Gebet muss sich hineinbergen in das Geheimnis der gemeinsam gefeierten Gegenwart Gottes. Der Beter muss aus seiner Anonymität und Isolation hinaustreten in die Gemeinschaft der Kirche.

Wie sehr Giotto den Gemeinschaftscharakter herausstellt, zeigt sich in seinem Bild, das diagonal gegenüberliegt (Bild 5): Was ist doch aus der Kirche geworden, die Franziskus wiederhergestellt hat! Ein herrliches Gebäude, Sinnbild für das himmlische Jerusalem, in das der tote Franziskus einzieht. Palmsonntagsstimmung: Hosanna in der Höhe! Und viele Menschen, die untereinander im Gefühl der Trauer und der Freude verbunden sind.

Bild 5: Giotto, Abschied der Klara von den sterblichen Überresten des Heiligen in San Damiano (XXIII) oder *die gemeinschaftliche Kirche*.

Ich denke, dass sich manch frommer Beter durch diese Theologie herausgefordert fühlen muss. Das Gebet treibt, wenn es denn echt ist, von sich aus zu denen, die miteinander das Brot teilen, die gleiche Sprache sprechen, die göttliche Perspektive vor Augen haben und in dieser Welt gemeinsam handeln.

Franziskus, Zeuge der Transzendenz oder braver Junge? Zurück zur Szene, in der Franziskus seinem Vater die Kleider vor die Füsse wirft und auf den himmlischen Vater verweist (siehe Bild 2). Die Perspektive, die Franziskus bestimmt, ist bei Giotto deutlich. Er bezieht die Szene auf Abraham, der sich von seinem Vater und seinem Land trennen muss, um einzig auf das hin zu leben, was Gott ihm in Zukunft zeigen wird. Er hat nichts Konkretes mehr in den Händen, er hat nur noch die leere Verheissung. Eine grössere Loslösung ist nicht mehr denkbar, ebensowenig wie eine noch grössere Freiheit und Offenheit denkbar ist. - Und ein anderer Vater-Sohn-Konflikt wird erzählt: Abraham, der glaubt, Gott seinen bisher einzigen Sohn opfern zu müssen. Man stelle sich einmal vor: Gott hatte ihm verheissen, seine Nachkommenschaft werde so zahlreich sein wie der Sand am Meer und wie die Sterne am Himmel. Und nun hat er endlich - im hohen Alter - einen Sohn bekommen und glaubt, ihn töten zu müssen. Er will tun, was, wie er glaubt, von ihm verlangt wird. Im letzten Moment hält ihn Gott davon ab. Gott will keine Menschenopfer, die Väter dürfen ihre Söhne weder einer höheren Macht noch eigenen Interessen opfern. Auf jeden Fall wächst Franziskus durch die Perspektive in unauslotbare Tiefen hinein.

Vergleichen wir damit Benozzo Gozzolis Darstellung der gleichen Szene (Bild 6).

Bild 6: Benozzo Gozzoli, Franziskus trennt sich von seinem Vater.

Gewiss ein wunderbares Bild: Schöne Häuser, ein kunstvoller Boden, doch ist kein Bruch mehr vorhanden zwischen Vater und Sohn. Ein Schritt noch, und Bernardone ist - gestossen von seiner Frau - bei seinem Sohn.

Nur wenig blauer Himmel, keine Hand Gottes darin, nirgendwo ein Blick oder ein Verweis nach oben. Gegenüber Giotto hat das Bild an Dramatik verloren, alles ist waagrecht geworden, harmlos, banal. Da ist keine Perspektive, kein Fluchtpunkt jenseits der sichtbaren Wirklichkeit. Franziskus ist ein braver und harmloser Junge geworden.

Franziskus, die Stütze der Kirche oder der von der Kirche Erschlagene? Nehmen wir jetzt nochmals das Bild, auf dem Franziskus die Kirche stützt (siehe Bild 3). Es ist erstaunlich, wie leicht das Stützen der Kirche bei Giotto erscheint. Die Laterankirche ruht auf der Schulter, die rechte Hand des Franziskus hilft etwas nach, die linke ist auf der Hüfte aufgestützt. Beim genaueren Hinschauen erkennen wir, dass Franziskus nur auf einem Bein steht. Entscheidend ist jedoch sein Blick. Er schaut über den Bildrand hinaus, wiederum auf Abraham und seine Glaubensgeschichte. 'Kirchestützen' - das ist nicht eigentlich die Leistung des Franziskus, sondern das Ergebnis seines Glaubens. Wie Abraham weiss auch er, das es auf Gott und seine Zuwendung ankommt. Glaube, das ist das Durchlässigwerden für Gottes lebendige Gegenwart. Der Glaube, nicht die eigene Kraft, vermag Berge zu versetzen. Erinnern wir uns an Petrus, der über den See auf Christus zugeht. Solange der Blick an Jesus haften bleibt, solange trägt das Wasser. Sobald Petrus auf sich selber schaut, versinkt er in den Wellen.

Schauen wir, wie Benozzo Gozzoli die Szene darstellt (Bild 7).

Bild 7: Benozzo Gozzoli, Traum Papst Innozenz‘ III. oder *Franziskus stützt die Kirche.*

Hier ist das Kirchestützen des Franziskus ein einziger Krampf: Beide Hände, der ganze Körper stemmen sich der fallenden Kirche entgegen, beide Füsse stehen kraftvoll auf dem Boden, sein Blick starr auf die sich neigende Kirche gerichtet. Gozzolis Bild enthält keine Perspektive, keinen Fluchtpunkt jenseits der Wirklichkeit. In der Kirche von Montefalco gibt es ausserhalb des Zyklus auch nichts, worauf sich der Blick des Franziskus beziehen könnte. Ich befürchte, dass Franziskus demnächst von der zusammenfallenden Kirche erschlagen wird.

Auch hier scheint ein modernes Problem vorweggenommen. Wir können wohl nicht sagen, dass es die Frauen und Männer im kirchlichen Dienst an Aktivität fehlen lassen. Im Gegenteil: da ist sehr viel Aufwand, sehr viel Initiative und Aktion! Aber eben auch sehr viel Frustration, sehr viel Ausbrennen, sehr viel Leerlauf, sehr viel Ermüdung - und immer wieder Überforderung. Und eben auch falsche Entscheidungen und Massnahmen, Fehlreaktionen und Fixierungen. Ich möchte hier an das Amtsverständnis *Johannes XXIII.* erinnern, der nach seiner Wahl zu sich selbst gesagt hat: „Johannes, nimm dich nicht so wichtig!" Dadurch wurde er zum Papst der Hoffnung, des Lächelns. Es war eine Freude, diesem Papst auf seinem Weg zu folgen, weil er sich nicht als Pol verstand, in den alle Lebensströme einmünden, sondern als jemand, der über sich hinaus und somit von sich selbst weg verweisen konnte. Ich habe den Eindruck, dass sich die heutigen Amtsträger allesamt zu wichtig nehmen. Sie, wir alle müssen die Perspektive zurückgewinnen und uns als abrahamitische Gemeinschaft verstehen, die aus Glaube, Hoffnung und Liebe lebt. Nur so werden wir nicht erschlagen. Nur so werden wir die Freude an unserem Dienst zurückgewinnen.

Lieber Bischof Amédée

Von diesen Bildern geht grosse Hoffnung aus. Ich hoffe, dass weder Sie noch ich noch alle, die in diesem wunderbaren Dienst stehen, von der Last erdrückt werden. Als unser Pascal Rywalski damals zum Generalminister gewählt wurde, hat er gesagt: „Wie ist es schön, Generalminister zu sein!“ Er ist heute noch in guter Erinnerung überall in der Welt. Ich wünsche Ihnen, dass Sie die Last auf Gott werfen oder besser, dass Sie den glaubenden Blick auf das richten können, von dem her alles leichter wird.

4. Kirche - der Ort, an dem der Auferstandene entdeckt wird

Lieber Bischof Amédée

Sie werden mit mir einig gehen, dass Kirche nur aus einer *geistlichen* Perspektive heraus zu verstehen ist. Ich denke, dass erst auf diese Weise deutlich wird, dass Kirche der Ort ist, an dem Jesus sich als Auferstandener zur Erfahrung bringt.

4.1 Die Emmausgeschichte

Was Kirche ist, zeigt sich uns nicht zuletzt in der Emmausgeschichte, die man nie genug zum Gegenstand der Meditation erheben kann. Ich hoffe, dass auch uns Heutigen das Herz brennt und die Augen aufgehen (Lk 24, 31f).

Aber leider können wir, lieber Bischof, an der Tatsache nicht vorbeisehen, dass viele eher Magenbrennen haben, wenn sie an Kirche denken und mit kirchlichen Verlautbarungen, Institutionen, Amtsträgern konfrontiert werden. Wie viele haben mir schon gesagt, dass Kirche für sie kein Thema mehr ist, und gehen ihren eigenen Weg. Wie wichtig wäre es doch, einmal auch diesbezüglich an die Brust zu klopfen und zu bekennen, dass wir Amtsträger den Menschen die Kirche 'verleidet' haben. Statt dessen weisen wir auf die Säkularisierung und auf die 'Verdunstung des Glaubens' hin! Ich halte das für eine billige und selbstgerechte Ausrede. Ich glaube und ich weiss, dass auch unsere Zeitgenossen für das offen sind, was mit Kirche eigentlich intendiert ist. Nur müssen die

Rahmenbedingungen endlich so sein, dass sie in unsere Zeit passen.

Die Geschichte von den Emmausjüngern erzählt uns etwas, wonach sich unser Herz sehnt. Wenn ein echtes Gespräch gelingt, wenn eine wahre Begegnung zwischen Menschen stattfindet, wenn sich Menschen alles sagen können, ohne Angst haben zu müssen, wenn ein völlig Fremder plötzlich vertraut wird - dann stellt sich doch regelmässig die Verwunderung ein, dass so etwas überhaupt möglich ist. „Brannte nicht unser Herz?" Und oft stellen wir dann sogar fest: Wir sind Feuer und Flamme füreinander! Als sich Franziskus und Klara von Assisi auf solche Weise nahekamen, soll, sagt die Legende, der ganze Wald gebrannt haben, in dem sich der Ort der Begegnung befand. Die versammelten Feuerwehren der naheliegenden Städte hätten, so heisst es, das Feuer nicht löschen können. Der Wartiszyklus im ehemaligen Kapuzinerkloster Zug interpretiert diese Begegnung ganz eindeutig als Kirchenerfahrung (*Rotzetter*, 1995, 49-60): Das Innere der Kirche, in der die Begebenheit stattfindet, ist ins Licht getaucht und hat seine Quelle im Entflammtsein der beiden Heiligen. Und so ist jedes Entflammtwerden füreinander eine Art Auferstehungsgeschichte. Jede gute Freundschaft realisiert an und für sich das, wofür Jesus gelebt hat und wofür er gestorben ist: die selbstlose, sich hingebende Liebe; jede gute Freundschaft ist darum, wenn wir so wollen, so etwas wie ein grosses Osterfest.

Ich möchte Sie und mich selbst mit dem Gedanken vertraut machen, dass Kirche im Grunde genommen nichts anderes sein soll als eine Art Freundschaftsbund. Zugegeben, sie ist es leider Gottes nicht, und darum haben wir ja Magenbrennen. Wenn die Kirche wäre, was sie sein sollte und auch sein könnte, ein Freundschaftsbund, dann stände unser Herz in Flammen, dann loderten überall dort, wo Christen sind, Feuerfackeln in die Höhe, wie das am Gründungsfest der Kirche, an Pfingsten, der Fall gewesen ist. So erzählt es uns doch die Apostelgeschichte, oder etwa nicht? Wir könnten jeden Sonntag die Augen reiben vor Verwunderung, dass sie uns aufgegangen sind und dass die Liebe trägt. Kirche ist dort, wo man sich einander vertraut macht, wo man einander selbstlos begegnet, wo man sich mitteilt, die Sprache wagt, die Angst verliert, wo man den Fremden nicht mehr als Bedrohung erlebt, sondern als Chance und Geschenk, wo man miteinander das gleiche Brot isst und auch den Kelch miteinander teilt. „Wo zwei oder drei in meinem Namen versammelt sind, da bin ich mitten unter ihnen", sagt Jesus (Mt 18, 20). Und *Simone Weil* (1976) fügt hinzu: „Er hat nicht gesagt, wo hundert oder tausend in meinem Namen versammelt sind, ..." Kirche - das ist nicht eine Massenveranstaltung, weil hier eben das Wesentliche nicht geschieht, nicht geschehen kann: die Freundschaft, die intime Nähe, das Geborgensein in einer kleinen Gruppe, die Begegnung, das Einandervertrautwerden, das Teilen, das Miteinanderreden, all das, was mit Liebe gemeint ist. Kirche ereignet sich letztlich und eigentlich nur als mystische Erfahrung: als Sichanheimgeben, als Sichfüreinanderöffnen, als vertrauensvolles Miteinander. Dann aber bricht immer wieder das Eigentliche und Tiefste auf: der Auferstandene, der uns die Augen öffnet, der Lebendige, der allen Tod überwindet. Kirche kann tatsächlich eine Auferstehungsgeschichte sein und ein österliches Fest.

Aber eben: Die Kirche kann auch keine Auferstehungsgeschichte sein, weil es in ihr Leute gibt, die - offenbar mit bestem Willen! - alles tun, um den Auferstandenen ins Grab zurückzuschicken. Sie beanspruchen für sich, alles zu wissen. Wo man aber Wahrheit in Sätze verpackt und einander lieblos entgegenschleudert, da ist Kirche nicht: weil sie nur als Gesprächs- und Begegnungsereignis Kirche sein kann. Wo die einen glauben, mehr zu wissen als andere, mehr zu sein als andere, mehr Macht zu haben als andere, da ist Kirche nicht: weil sie nur als Ereignis der totalen gegenseitigen Offenheit Kirche sein kann. Achten wir doch auf die Emmausgeschichte: Da gibt es keine Gesprächsbedingungen, die der eine vom andern fordert, da gibt es nur das Gespräch selbst und die Begegnung der Herzen. Da gibt es auch keine Belehrung von oben nach unten, da gibt es keinen Machtanspruch, da gibt es nur die grundsätzliche Offenheit der Liebe. Und achten wir auch auf die Tatsache, dass es ein Fremder ist, ein unbekannter, namenloser Reisender, der sich später dann als der Auferstandene erweisen wird. Nur wer sich dem Unbekannten öffnet, so müssen wir folgern, nur wer den Fremden akzeptiert, ihn einbezieht in die eigenen Erfahrungen, nur wer sich auf den Fremden einlässt, ihn zur Geltung kommen lässt, ihn aufnimmt, ihn sogar drängt zu bleiben, erfüllt die Bedingungen, die es braucht, um den Auferstandenen zu erleben. Wo nur die ausgetretenen Wege begangen werden, wo das Fremde, wo die Fremden nicht aufgenommen werden, da ist Kirche nicht: weil sie nur als Ereignis der Integration des Fremden Kirche sein kann.

Und Kirche ist auch nur da, wo man das Leiden nicht verdrängt. Es ist Ihnen sicher aufgefallen, wie sehr das Leiden des Gekreuzigten das Gesprächsthema der Emmausjünger ist. Ostern ereignet sich gerade nicht dort, wo man Leiden und Schmerz hinter sich lässt. Die Emmausjünger lassen ihren Schmerz zu, zeigen einander die Wunden, die sie durch den Tod Jesu erlitten haben. Sie offenbaren einander ihre Not, ihre Angst, ihre Zweifel, ihre Nacht. Und indem sie das alles zulassen und einander und sogar dem Fremden anvertrauen, beginnt plötzlich das Herz zu brennen. Plötzlich erkennen sie in dem Fremden, der ihnen zuhört und der sich ihrer Nacht geöffnet hat, den Gekreuzigten selbst, und zwar als den Auferstandenen. Dort ist Kirche nicht, wo das Leiden keinen Ort hat und wo man tut, als wäre die Welt lauter Friede, Freude, Eierkuchen. Kirche ereignet sich dagegen jedesmal, wenn man die Gegenwart des Gekreuzigten sucht. Insofern könnten die vielen Parteien in unserer Diözese eine Chance haben: einander einfach erzählen, worunter sie gelitten haben in den letzten Jahren; einander vorbehaltlos und voll Vertrauen die Wunden zeigen - ich bin überzeugt, Chur würde ein anderer Name für Emmaus, und Ihre Diözese zu einer Auferstehungsgeschichte.

In diesem Zusammenhang möchte ich an einen Text erinnern, der von einer Mystikerin des Mittelalters stammt. *Margareta von Cortona* (+1294) hat in der Osterzeit den auferstandenen Gekreuzigten gesucht. Und der sagt ihr eines Tages:

„Schau in deinem Geist, wie ich von den Menschen andauernd ans Kreuz geschlagen werde. Damit du dir besser die verschiedenen Beleidigungen vorstellen kannst, beschreibe ich dir alle, die mich ans Kreuz geschlagen haben. Wer sind die, die mich verraten wie Judas? Es sind gewiss jene, die reden, lachen, essen, trinken, schlafen mit anderen Männern, sie dann aber wegen Geld töten. Wer sind jene, die mich vor Pilatus bringen, um mich anzuklagen? Es sind die Richter, die aufgrund falscher Zeugenaussagen verurteilen und verurteilen lassen? Wer sind jene, die mir das Haupthaar abrasieren? Es sind die Goldschmiede, die Kaufleute, die Handwerker, die aufgrund ihrer Habsucht immer wieder neue Formen erfinden, um Geld zu verdienen. Wer sind jene, die das Kreuz zimmern, den Längsbalken und den Querbalken, so dass ich nichts mehr hatte, worauf ich das Haupt legen konnte? Es sind jene Landvermesser, welche ihre Mitbürger aus ihren Häusern und Ländern vertreiben und sie zum Betteln zwingen, zum Diebstahl oder zur Prostitution. Wer sind jene, die schreien: 'Kreuzige ihn, kreuzige ihn!' Es sind die Gesetzgeber und die schlechten Ratsmitglieder, die Gesetze erlassen, die nicht meinem Gesetz entsprechen, und die gegen ihr Gewissen oder aus Unwissenheit ihre Zustimmung geben ... Wer ist Herodes, der mit mir sein Spiel treibt? Das ist der schlechte Bischof. Und wisse: so gross meine Barmherzigkeit ist, so gross ist auch meine strafende Gerechtigkeit" (*Rotzetter*, 1998b).

Kirche fängt in dem Moment an, Kirche zu sein und eine Auferstehungsgeschichte zu werden, in dem das Leiden der Leidenden zur Sprache kommt und das Unrecht beim Namen genannt wird. Wenn wir das tun, wird unser Herz brennen, und die Augen werden uns aufgehen. Und Kirche wird kein Magenbrennen mehr sein, sondern die Leidenschaft, mit der wir Zeugen der Auferstehung sind.

4.2 Die Einheit von Gottes- und Nächstenliebe

Kirche, lieber Bischof, ist das Zusammenfallen von Gott und Mensch in einen einzigen Elan des Herzens.

Ich glaube nicht, dass die Welt, dass die Kirche, dass wir das in genügender Weise erkannt haben. Immer noch können wir das Ganze nicht zusammensehen. Immer noch trennen wir. Dabei gibt es kaum etwas, was so sehr den Kern, ja das unveräusserliche Erbe der christlichen Tradition darstellt. Da wäre an sich nichts weniger als der Keim einer göttlichen Revolution gesät: Die von Gott selbst inszenierte 'Unio mystica', die mystische Vereinigung Gottes und des Menschen, die göttliche Gleichrangigkeit von liebender Zuwendung zum Menschen und von Gottesliebe (Mk 12, 36ff).

Die Grundlage dieser Identität ist das Geheimnis Jesu selbst, der Mensch, in dem Gott sich aussagt, sich mitteilt, sich zeigt.

Der Mensch Jesus ist der inkarnierte Gott: Gott zeigt sich in einem menschlichen Gesicht, mit menschlichen Augen, Ohren, Mund und Händen. Gott ist Mensch geworden, das WORT ist FLEISCH geworden. Gott zelebriert in Jesus von Nazareth sozusagen seine eigene Hochzeit (Joh 2); er inszeniert eine mystische Vereinigung, indem er, der unendliche, unsagbare, unaussprechliche Gott den Menschen so sehr in die Arme nimmt, dass es für ihn kein Zurück mehr gibt. Gott verliert sein Herz so sehr an die Menschen, dass sein Herz nur noch in einem menschlichen Herzen zu finden ist. Man kann Gott nicht mehr im luftleeren Raum lieben - man kann fortan Gott nur noch lieben, indem man Menschen in die Arme nimmt; und man liebt den Menschen nur noch, wenn man auch die unendlich-göttlichen Abgründe, die sich hinter jedem Menschen auftun, zu umarmen versucht.

Der gekreuzigte Mensch ist der gekreuzigte Gott: Da die Menschen, die der Einheit Gottes und des Menschen in Jesus von Nazareth gegenüberstehen, nicht erkennen, kommt es zum Drama der Liebe. Gottes Liebe geht in Jesus bis zu dem Punkt, wo sie zum Schweigen gebracht, getötet, gekreuzigt wird. Gott identifiziert sich auf diese Weise bis zur Unkenntlichkeit mit dem Menschen. Gerade fromme Menschen sind es oft, die Gott im Menschen nicht erkennen; immerzu trennen sie: hier Gott - dort der Mensch, und glauben sogar, Gott einen Dienst zu tun, indem sie Jesus oder diesen oder jenen Menschen umbringen. Und auf sich selbst fixierte, egoistische, gewalttätige, kriminelle Menschen werden die Göttlichkeit, die sich mit dem Menschen verbindet, allemal leugnen und auf ihre Weise Gott kreuzigen. Und so wird Gott bis heute und wohl bis zum Ende der Welt gekreuzigt, auf jeden Fall so lange, wie Menschen den eigenen Interessen geopfert, ja getötet werden.

Der auferstandene Jesus hat Milliarden Gesichter: Gott will - obwohl er im Menschen Jesus zum Schweigen gebracht, ermordet wurde - seine Identifikation mit dem Menschen aufrechterhalten. Das ist es, was wir im Glauben an die Auferstehung Jesu bezeugen und bekennen. Aber eben: statt dass wir die Auferstehung als etwas glauben, was uns hier und jetzt begegnet, betreiben wir Archäologie, sprechen von der Bedeutung des 'leeren Grabes' und suchen Jesus unter den Toten (Lk 24, 5). Dabei haben alle Auferstehungsberichte etwas gemeinsam: Es handelt sich um Entdeckungs- und Erlebnisgeschichten, in denen sich der menschgewordene Gott in irgendwelchen gewöhnlichen Menschen offenbart. Nur lesen wir halt die Geschichten wie solche, die bereits alles wissen und damit immer an der eigentlichen Aussage vorbeigehen müssen. - Da ist ein schriftkundiger Jude, der es versäumt hat, sich auf dem Stand der gerade aktuellen Information zu halten; er weiss nichts von der Kreuzigung, die in Jerusalem stattgefunden hat. Und so erzählen ihm die beiden ehemaligen Jünger Jesu ihre Verzweiflung, ihre Not, ihre Nacht, einfach alles, was sie von Jerusalem wegtreibt. Der Jude kennt, wie gesagt, das Alte Testament, er weist auf Jesaja und andere Propheten, er hat ganz offensichtlich die Gabe der Unterscheidung der Geister und kann deuten, kann einen Bezugsrahmen herstellen, in dem Golgotha zu einem verstehbaren Ereignis wird. Vertrauen entsteht, Nähe, ja Intimität, so dass sie sich dann entschliessen, den Tag zusammen zu beenden mit einem Mahl - und plötzlich ist der Fremde der Allervertrauteste und Geliebte, Jesus, Gott in seiner Einheit mit dem Menschen (Lk 24, 13-35). - Da ist ein Gärtner, der die Schaufel in der Hand hat und offensichtlich gewohnt ist, Blumen zu giessen, Beete zu bepflanzen, Bäume zu pflegen. Und eine Frau, die alles verloren hat, was sie verlieren konnte - den, den sie so sehr liebte - wendet sich diesem Gärtner zu, fragt ihn, bedrängt ihn, mutet sich ihm zu. Und der Gärtner sagt schliesslich nur ein einziges Wort: Maria! - und plötzlich ist der Gärtner der Allervertrauteste und Geliebte, Jesus, Gott in seiner Einheit mit dem Menschen (Joh 20, 11-18). Ich könnte fortfahren: In keiner einzigen Geschichte, die von Jesus nach seinem Tod am Kreuz erzählt wird, wird er ohne weiteres und sofort erkannt. Der Auferstandene trägt jedes Mal irgend ein menschliches Gesicht, hat - müssen wir schliessen - Millionen und Milliarden Gesichter, worin er erkannt werden, sich zeigen, sich offenbaren will als der Allervertrauteste und Geliebte, Jesus, Gott in seiner Einheit mit dem Menschen. Welche Perspektive ist das doch, sich auf die Menschen einzulassen, die mit uns zusammen Kirche sein wollen und in ihnen plötzlich den Allervertrautesten entdecken zu können, Jesus, Gott in seiner Einheit mit den Menschen. Mehr noch: sich mit allen, die mit uns zusammen Kirche sein wollen, auf die Menschen, ja die ganze Welt einzulassen und dann beglückend zu erfahren, dass sich uns der Allvertrauteste zeigt, Jesus, Gott in seiner Einheit mit den Menschen.

Daran wird christlicher Glaube zu messen sein: Ob wir den inkarnierten Gott, den gekreuzigten und auferstandenen Jesus erkennen - nicht in erster Linie an Weihnachten, am Karfreitag oder in der Osternacht, da gewiss auch, aber vor allem in den alltäglichen Begegnungen unter uns Menschen.

4.3 Gottesverkündigung als Praxis der Liebe

Auf der Grundlage der Inkarnation entsteht ja eine neue Art der Gottesverkündigung: die Praxis der Liebe. Dieses Thema dürfte Ihnen, lieber Bischof Amédée, aufgrund Ihres Namens 'Liebegott' besonders lieb sein.

So sehr der jungen Kirche Gebet und Gottesdienst wichtig waren, das Eigentliche geschah, wie sie nie genug betonen konnte, in der alltäglichen Liebespraxis, für die sie ja sogar ein neues, vorher kaum gebrauchtes Wort benutzte: agape, d.h. Liebe, ein Wort, in dem das Ineinander der Gottes- und Nächstenliebe zum Ausdruck kommt. Agape - das ist immer schon mehr als die Banalität, die hinter dem steht, was der Schlager als Liebe besingt. Agape - das ist immer die Liebe, in der Gott selber anwesend bleibt, Liebe, die die Egoismen des Alltags übersteigt und so an das Geheimnis Gottes rührt. Ist es da noch verwunderlich, dass in der frühen Kirche 'Agape' mit Kirche gleichbedeutend war? Mir kommt das berühmte Wort in den Sinn, das sich auf den Bischof von Rom bezog und das ich heute ganz gerne auf Sie, den Bischof von Chur, beziehen möchte: 'prokathemene tes agapes' - den Vorsitz der Liebe innehaben. Wenn dem so ist, dann müssen wir mehr als bisher über dieses Wort nachdenken. Unser Bistum und alle Pfarreien und christlichen Gemeinschaften in ihm werden dann Orte werden, an denen sich Gottes Liebe selbst bezeugt.

Die alltägliche und gegenseitige Liebe, sagt Johannes, ist der Tod des Todes. Leben entsteht aus der Liebe, die Menschen einander schenken. Aber eben: Diese alltägliche Liebe lebt und vollzieht sich unter der Voraus-Setzung der Liebe Gottes. Er hat uns zuerst geliebt; noch bevor wir lieben können, hat er uns von Ewigkeit her und erst recht in Jesus Christus geliebt; wir dürfen uns in diese Liebe hineinfallen lassen. Erst diese von Gott selbst voraus-gesetzte Liebe ist es, die uns zur Liebe fähig macht. „Wir wissen, dass wir aus dem Tod in das Leben hinübergegangen sind, weil wir die Geschwister lieben. Wer nicht liebt, bleibt im Tod. Jeder, der seinen Bruder, seine Schwester hasst, ist ein Mörder, und ihr wisst: Kein Mörder hat ewiges Leben, das in ihm bleibt. Daran haben wir die Liebe erkannt, dass Er sein Leben für uns hingegeben hat. So müssen auch wir für die Brüder das Leben hingeben" (1 Joh 3, 13-16).

Die alltägliche und gegenseitige Liebe, sagt Johannes, zeigt unsere Gottesverwandtschaft. Wir können nur lieben, weil Gott uns zur Liebe befähigt, weil Gott letztlich in uns liebt. Wir sind das Sakrament der Liebe Gottes. In der alltäglichen und gegenseitigen Liebe offenbart Gott, realisiert er seine Liebe in der Welt. Ja, es gibt letztlich nur einen einzigen Liebenden: Gott, der in uns und durch uns liebt. Die alltägliche und gegenseitige Liebe von Menschen ist die eigentliche Offenbarung Gottes. Ach, wenn das doch die Juristen und Dogmatiker in den Kirchen begreifen könnten! „Liebe Geschwister, wir wollen einander lieben; denn die Liebe ist aus Gott, und jeder, der liebt, stammt von Gott und erkennt Gott. Wer nicht liebt, hat Gott nicht erkannt; denn Gott ist die Liebe. Die Liebe Gottes wurde unter uns dadurch offenbart, dass Gott seinen einzigen Sohn in die Welt gesandt hat, damit wir durch ihn leben. Nicht darin besteht die Liebe, dass wir Gott geliebt haben, sondern dass er uns geliebt und seinen Sohn als Sühne für unsere Sünden gesandt hat. Liebe Geschwister, wenn Gott uns so geliebt hat, müssen auch wir einander lieben. Niemand hat Gott je geschaut; wenn wir einander lieben, bleibt Gott in uns, und seine Liebe ist in uns vollendet“ (1 Joh 4, 7-12).

Die alltägliche und gegenseitige Liebe, sagt Johannes, erweist den Gottesglauben als Wahrheit. Nicht ein Satz, den man glaubt, nicht ein Gebet, das man spricht, sondern allein die alltägliche und gegenseitige Liebe ist die Wahrheit der Christusoffenbarung. Denn man kann nur lieben, was man sieht! Und man sieht nur mit dem Herzen gut! Wer den Menschen, den er sieht, nicht liebt, und Gott, den er nicht sieht, zu lieben vorgibt, ist ein Lügner. Stärker kann man eigentlich diese biblische Revolution nicht mehr zur Geltung bringen. „Wir wollen lieben, weil er uns zuerst geliebt hat. Wenn jemand sagt: Ich liebe Gott!, aber seinen Bruder, seine

Schwester hasst, ist er ein Lügner. Denn wer seinen Bruder, seine Schwester nicht liebt, die er sieht, kann Gott nicht lieben, den er nicht sieht. Und dieses Gebot haben wir von ihm: Wer Gott liebt, soll auch seinen Bruder, seine Schwester lieben" (1 Joh 4, 19ff).

4.4 Die Pfarrei als Ort der Selbstverwirklichung

Lieber Bischof Amédée

Sie wissen, wie vieldeutig das Wort 'Selbstverwirklichung' heute ist. Die Ausführungen des Apostels Paulus an die Korinther (1 Kor 12-14) sind geeignet, dem Wort seine christliche Bedeutung zu geben und die Pfarrei als einen Ort der Selbstverwirklichung zu begreifen. Von Paulus her heisst 'Selbstverwirklichung': sich selbst verwirklichen, indem man im Bunde mit anderen seine eigenen Fähigkeiten entdeckt und an der Auferbauung eines Stückes Menschen-Welt mitwirkt. Man muss bei einem solchen Gedanken schon etwas verweilen, um zu erkennen, welche Chancen und Möglichkeiten darin stekken. Gewöhnlich verstehen wir ja 'Selbstverwirklichung' rein individualistisch: Ich verwirkliche mich! - und vergessen, dass der Andere, die Anderen dabei eine eminent wichtige Rolle spielen. Ohne die anderen Menschen gibt es auch keine Selbsterfahrung, keine Verwirklichung seiner selbst. Der Mensch ist so sehr auf andere angelegt, dass er sich selbst, sein Wesen verliert, wenn er die anderen Menschen nicht schon im Ansatz in seine Selbstverwirklichung einbezieht. Die Welt, in der wir leben, ist wahrscheinlich deshalb so unmenschlich geworden, weil dieses individualistische Verständnis des Menschen seinen Sieg davon getragen hat. Alles verläuft in anonymen, bloss funktionalen Bahnen, in Institutionen, Werkstätten,

Maschinen, Büros. Wo aber ist da der Andere, wo ist da das menschliche Gesicht?

Es braucht - ich brauche diesen Ausdruck nochmals! - Biotope auch für den Menschen, Orte, wo der Mensch gedeihen kann. Ein privilegiertes - gewiss nicht das einzige, aber ein privilegiertes - Menschen-Biotop ist die Pfarrei. Hier gibt es andere, die uns herauslocken aus dem Gefängnis des Individualismus, der Selbstgenügsamkeit, der kleinen, begrenzten, auf sich zurückgebogenen Welt. Hier gibt es Provokationen, die uns in Frage stellen, Nöte, die unsere Kreativität herausfordern, Probleme, die uns unsere Fähigkeiten aufdecken, Menschen, die uns brauchen.

Die Fähigkeiten des Menschen sind also nicht einfach vorhanden, sie müssen zuerst entdeckt und bejaht werden. Und sie sind auch nicht auf das Selbst gerichtet, sondern auf andere, auf die sozialen Netze, in die man eingefügt ist, auf die Gemeinde, zu der man gehört!

Paulus kann sich nicht vorstellen, dass jeder in seiner eigenen Welt verschlossen bleibt. Es gibt zwar nur einen Gott - aber dieser Gott tanzt den Tanz der Vielfalt. Es gibt zwar nur einen Geist, aber dieser Geist trägt ein buntes Kleid. Es gibt zwar nur einen Herrn Jesus, aber dieser Herr hat unendliche Gesichter. Deswegen, meint Paulus, muss auch die Kirche sich bunt kleiden. Sie wäre nicht Kirche, wenn sie nicht der Ort vielfältiger Einheit wäre.

Es gibt von jeher zwei grosse Missverständnisse, welche die Kirche betreffen:

Das Missverständnis einer **uniformen Kirche:** Die gleiche Sprache, die gleichen Sätze, die gleiche Liturgie - hier und auf der ganzen Welt! Die Herz-Jesu-Pfarrei in der Stadt X muss genau gleich sein wie jene in Langweiligen.

Das Missverständnis des **Individualismus**: Jeder lebt nur für sich selbst, er geht seinem Beruf nach, seinen Hobbys, er erlebt sich in seinen Fähigkeiten, die Arbeit bestätigt ihn oder auch nicht. Auf jeden Fall: Jeder erlebt sich in seiner eigenen Welt - und wenn er dann in der Kirche ist, so hat das nicht sehr viel mit seinem Leben und seinen besonderen Fähigkeiten zu tun.

Demgegenüber meint Paulus: Fähigkeiten sind Gottes Gaben, Gottes Kräfte, Gottes Offenbarungen - und sie sind nicht nur für sich selbst gegeben, sondern grundlegend auf die Pfarrei ausgerichtet. Die Pfarrei müsste es sich also zur Aufgabe machen, alle Fähigkeiten der einzelnen Leute ausfindig zu machen und in das Gemeindeleben zu integrieren. Und der einzelne muss sich mit seinen Fähigkeiten am Auferbauen und Funktionieren der Gemeinde beteiligen. Die Pfarrei ist der Ort, an dem die vielfältigen Gaben, Kräfte, Offenbarungen zusammenkommen. Nur so kommt Gott zur Sprache, zur Geltung, nur so kann er sein Gesicht zeigen.

Es geht also darum, die Selbstverwirklichung im Raum der Pfarrei zu wagen. Man muss sogar sagen: Je mehr Fähigkeiten in der Pfarrei zur Geltung kommen, um so mehr zeigt sich uns das Gesicht des Auferstandenen. Es ist darum die wichtigste Aufgabe der Verantwortlichen einer Pfarrei, Gaben zu entdecken und fruchtbar zu machen für das Leben der Pfarrei.

Paulus gibt im Verlaufe seiner Ausführungen zwei Listen von Fähigkeiten (1 Kor 12, 7-11, 28-30), die für die Gemeinde wichtig sind. Es sind sicher nicht alle, aber vielleicht sind es jene Fähigkeiten, die eine Gemeinde unbedingt haben muss. Daran müssen sich unsere Pfarreien messen, und mit Hilfe dieser Listen kann man sich auf einen Lernprozess einlassen, in dem die Fähigkeiten der Menschen hervortreten können.

Vielleicht fällt auch Ihnen auf, dass das Amt der Leitung in keiner Liste an erster Stelle steht. Es verdient wirklich alle Beachtung, dass das, was bei uns zuoberst steht, eher beiläufig genannt ist. Interessant ist auch, dass der Epheserbrief die amtliche Funktion der Kirche bildhaft als 'Gelenk' bezeichnet (Eph 4, 15f). Da geht es also um die Fähigkeit, Menschen, Fähigkeiten, alles miteinander zu verbinden und zu vernetzen. Meinen Sie nicht auch, dass unsere Diskussionen um das Leitungsamt auf allen Ebenen der Kirche anders ausfallen würden, wenn wir die Aufgabe von der Gelenkfunktion her bestimmten und nicht vom Kopf her, die nach dem eben genannten Text allein Christus zukommt. Ähnliches gilt für das Priesteramt, das ganz offensichtlich in beiden Listen fehlt. Jede vernünftige Exegese sagt heute: Das Priesteramt in der Art und Weise, wie es heute auftritt, gab es zu biblischen Zeiten noch nicht. Ich ziehe daraus gewiss nicht den Schluss, dass es dieses Amt heute deswegen nicht geben darf. Ich weiss um Wachstumsgesetze und kann darum kein Fundamentalist sein. Aber auch umgekehrt dürfte man es nicht sehen. Die Bibel lässt uns sehr viel Freiheit in dieser Diskussion, und ich wünschte mir, die Dogmatik und die Verantwortlichen der Kirche wären ebenfalls nicht fundamentalistisch. Auf jeden Fall erweisen sich meine früher geäusserten Gedanken von Paulus her als durchaus mögliche, ja notwendige Gedanken. Wir dürfen heutige Amts- und Kirchenstrukturen sehr viel gelockerter sehen. Wichtig allerdings ist, dass auch die neuen Gedanken die Pfarrei als Ort des Auferstandenen erfahrbar machen. Der Auferstandene - das ist der Massstab, der an die alten und die neuen Strukturen der Kirche und auch an das entsprechende Amtsverständnis angelegt werden muss.

Lieber Bischof Amédée

Vieles lege ich Ihnen in diesem Kapitel vor. Vielleicht liegt das alles zu sehr auseinander. Aber mir scheint, dass der Auferstandene dann zur Geltung kommt, wenn wirklich alle in den Pfarreien, in denen sie leben, zuhause sein können und sich darin selbst verwirklicht sehen. Ich bitte Sie, setzen Sie in Ihrem Tun die Akzente so. Die Universalkirche erwächst aus dem Konkreten, aus den gut funktionierenden Ortsgemeinden. So wichtig die Universalkirche ist, sie kann nur dann lebendig sein, wenn die Basis lebendig ist. Ich habe das Gefühl, dass das viele unserer Bischöfe vergessen und deswegen mitschuldig werden an der Verdunstung des Glaubens. Ihnen soll das nicht geschehen, nein, Ihnen nicht, lieber Bischof Amédée!

5. Kritische Bemerkungen zum priesterlichen Amt

Die Gemeinde - der Leib des Auferstandenen, das ist eine Perspektive, die zur Erfahrung zu bringen Sie eingesetzt sind, lieber Bischof. Wie aber steht es im besonderen mit jenem Charisma, das entweder nur beiläufig oder überhaupt nicht in den Listen des heiligen Paulus auftaucht?

5.1 Positive Erfahrungen

Es gibt eine wunderbare Geschichte aus der franziskanischen Tradition zum Thema 'Priester - Laie'. Einmal war ein berühmter Theologe aus England, wahrscheinlich der Franziskaner Alexander von Hales, im Kloster San Damiano bei Assisi. Dort hatte er, der Priester und Professor, vor den Schwestern der heiligen Klara und vor einigen Brüdern eine Predigt zu halten. Doch plötzlich und unvermittelt wurde er durch einen Zwischenruf des Laienbruders Ägidius von Assisi in seiner Predigt unterbrochen: „Schweig Professor, ich will jetzt deine Predigt fortsetzen." Alexander von Hales, wenn er es denn war, setzte sich sofort unter die Zuhörer und hörte Ägidius zu, der ein leidenschaftliches Zeugnis für Christus ablegte. Als dieser dann das Gefühl hatte, genug gesprochen zu haben, sagte er: „Nun, Bruder Professor, jetzt bist du wieder an der Reihe." Und Alexander führte die Predigt zu Ende. Ich weiss nicht, wie ein Priester bzw. Professor unserer Tage reagieren würde, wenn ihm solches geschähe. Interessant aber ist nun die Reaktion Klaras. Sie sagte: „Heute hätte Franz von Assisi seine wahre Freude gehabt. Ich bin mir nur nicht so sicher, ob er mehr Freude gehabt hätte an der Demut des Priesters und Professors, auf das Wort eines Laien hin sich zurückzunehmen, oder am Mut eines Laien, den Redefluss eines Priesters zu unterbrechen und sich zu Wort zu melden. Mehr noch, als wenn Tote auferstehen würden, hätte sich Franziskus daran gefreut" (*Rotzetter*, 1980, 51 und 1990a, 26-31).

Ist das nicht eine wirklich österliche Geschichte? Ob eine Gemeinde wirklich der Leib Christi ist, der Ort, an dem der Auferstandene gegenwärtig ist, entscheidet sich unter anderem, aber nicht zuletzt an einer guten Beziehung des Priesters zu seinen Mitarbeiterinnen und Mitarbeitern und zur Gemeinde, in der er sein Amt auszuüben hat.

Schon längere Zeit ist mir aufgefallen, dass etwas nicht stimmen kann mit dem Amtsverständnis des heutigen Priesters. An unserem Institut in Münster hatten wir uns auch eingehend mit der Spiritualität des Priesters auseinandergesetzt. Was uns damals aufging, ist vor allem die Tatsache, dass es heute äusserst schwierig ist, eine Spiritualität zu formulieren, die sich von derjenigen des Laien unterscheidet. Damals habe ich erkannt, dass wir nach neuen Ansätzen suchen müssten. Auf jeden Fall - so eindeutig war für mich das Ergebnis - konnte diese Spiritualität nicht auf der Grundlage der Aussonderung aus dem Volk Gottes erstehen. Im Gegenteil: Amtsverständnis und Spiritualität konnten nur aus der konsequenten Einbettung in die Gemeinschaft, für die der Priester bestimmt ist, erwachsen. Beeindruckend für mich waren Exerzitien, die ich für die Jerusalem-Gemeinschaft halten durfte. Der Priester verstand sich als ein Glied im Kreis sämtlicher kirchlichen Mitarbeiter: Vikar, Pastoralassistentin, Katechetinnen, Organisten, Sekretärin ... kurz: alle, die in irgendeiner Weise in der Pfarrei arbeiteten, kamen, inklusive ihrer Lebenspartner, täglich zur gemeinsamen Liturgie (Meditation, Eucharistie bzw. Wortgottesdienst, Stundengebet) zusammen, und immer wieder und so oft wie möglich zu gemeinsamen Mahlzeiten. Und eben auch zu regelmässigen geistlichen Übungen, die ich anleiten durfte. Zum Glück für mich, denn so konnte ich aus eigener Erfahrung ein gelungenes Beispiel der priesterlichen Einbettung kennen lernen, die sich auf die ganze Pfarrei segensreich auswirkte. In der Folge hatte ich immer wieder Gelegenheit, ähnliche Erfahrungen zu machen. Es gibt in unseren Landen eine ganze Reihe von Pfarreien, in denen das Selbstverständnis des Pfarrers zu einer gut funktionierenden, oft sogar vorbildlichen Pfarrei geführt hat. Das sind wirklich österliche Erfahrungen, möchte ich wiederholen.

5.2 Spannungen

Auf der anderen Seite erlebe ich auf vielfältigste Art immer wieder, wie Priester sich herausheben, absondern, sich als etwas Besonderes wähnen und sich entsprechend behaupten und durchsetzen. Sie werden unterstützt vom Kirchenrecht, das ihnen ohnehin in allen Fragen gegenüber den Laien einen Vorrang einräumt, und von der Theologie, die sie 'in persona Christi' handeln lässt. In der Praxis führt das zu immer grösseren Spannungen zwischen den Priestern und den anderen kirchlichen Mitarbeiterinnen und Mitarbeitern. Da gibt es zum Beispiel in der Schweiz einen Diakon und Gemeindeleiter, der seine Aufgabe zur Zufriedenheit der Gemeinde tut und immer wieder erlebnisreiche Erfahrungen zu vermitteln vermag. Einmal führt er einen Bussweg für Kinder durch, auf dem diese bei einer der Stationen auch eine Aussprache mit dem Diakon haben können. Wie die priesterliche Bezugsperson der Pfarrei davon erfährt, rückt sie mit Kanon 1378 des Kirchenrechtes auf und droht mit Exkommunikation. Abgesehen davon, dass der Diakon in keiner Weise die Beichte abnehmen wollte, hat dieser Priester wohl keine Ahnung, dass zum Beispiel ein Franz von Assisi in seiner Regel sogar die Laienbeichte vorsah - für den Fall, dass kein Priester verfügbar ist. - Oder da tritt ein Priester das Amt eines Pfarrers an und schafft es, innerhalb weniger Wochen sämtliche Initiativen von Laien zu unterbinden und alle Laienmitarbeiterinnen und Laienmitarbeiter zu verstimmen. - Da gibt es einen frisch geweihten Neupriester, der alles besser wissen will als sein um dreissig Jahre älterer Pastoralassistent, ein ehemaliger Priester übrigens. - Da kommt am Sonntag ein Priester zur Eucharistiefeier in eine Gemeinde - und schon sind die Pastoralassistenten, welche die harte Pfarreiarbeit tun müssen, zu Statisten degradiert. Ich könnte dieses Buch füllen mit Beispielen, die mir aus der konkreten Erfahrung an der Basis zugewachsen sind. Ich bin in meinen TKL-Vorlesungen (Theologie-Kurs für Laien) im vergangenen Sommersemester für gemeinsame Exerzitien der kirchlich Bediensteten einer Gemeinde eingetreten. Ich habe gesagt, dass wir als Kirche nur weiterkommen, wenn alle kirchlich Beauftragten sich als ein einziges Subjekt, als ein 'Wir' verstehen, das miteinander intensive Beziehungen leben muss und das immer wieder zusammenkommt, nicht nur, um Pastoralpläne zu entwickeln, sondern auch um weiterzukommen im 'Miteinander'. Konflikte müssten aufgearbeitet, Teamfähigkeit vertieft, gemeinsame Glaubenserfahrungen ausgetauscht, gegenseitiges Vertrauen,

Nehmen und Geben und das offene Gespräch eingeübt werden. Vielstimmig kam das Echo zurück: „Unmöglich! Die Priester können weder zuhören noch sich öffnen, sie können weder zusammenarbeiten noch ihr eigenes Inneres offenbaren." Es ist mir natürlich bewusst, dass das eine Übertreibung ist. Es zeigt aber, dass da und dort unüberbrückbare Spannungen zwischen geweihten und nichtgeweihten kirchlichen Mitarbeitern und Mitarbeiterinnen bestehen. Vor ein paar Jahren war ich mit einem Dekanat in Assisi. Zu meiner nicht geringen Überraschung und zu meiner grossen Enttäuschung war eine gemeinsame Eucharistiefeier nur nach mühsamer Vorarbeit meinerseits möglich.

5.3 Die päpstliche Instruktion und ihre Folgen

Erlauben Sie mir nun ein offenes Wort zur päpstlichen „Instruktion zu einigen Fragen über die Mitarbeit der Laien am Dienst der Priester" (in: SKZ 166, 1997, 761-770) und zum Pfingstbrief Ihres Bischofskollegen *Kurt Koch* (1998). Beides ist in dieser Situation, um es mit aller Eindeutigkeit zu sagen, das falsche Signal. Beides wird die ohnehin zur Genüge vorhandenen Spannungen erheblich verstärken, denn das Problem ist, dessen bin ich überzeugt, der Priester, nicht der Laie!

Die Instruktion hat gewiss viele Texte, die lesenswert sind, besonders zum Thema 'Laien in der Kirche'. Aber nur diese zu sehen, wie viele das tun wollen, ist unredlich. Denn die Instruktion ist einzig und allein geschrieben worden, um die Mitarbeit des Laien einzugrenzen und gewordene Praxis zurückzubinden. Und das, mit Verlaub, auf einer äusserst dürftigen theologischen Grundlage, auf der sich dann auch, leider, Bischof Koch bewegt, der von seiner Theologie her noch etwas anderes zu sagen hätte, dessen bin ich gewiss! Aber lassen Sie mich, Bischof Amédée, die Argumente gegen seinen Text aufzählen, da Sie nicht umhin können, mit ihm und mit der ganzen Bischofskonferenz darüber zu reden.

1. Das beste am Schreiben Ihres Kollegen ist der letzte Teil, wo er über die Kirche als Mysterium spricht und sie als geschwisterlich und diakonisch beschreibt. Da werden wir tatsächlich alles daran setzen müssen, um uns vom Sog einer solchen Logik mitreissen zu lassen.

2. Ebenso bin ich mit Bischof Koch der Meinung, dass die heutige Situation der Laientheologen eine 'Notlösung' ist, eine Lösung eben, die der pastoralen Not entspringt. Dass es eine solche Not gibt, ist aber nicht die Schuld derer, die in die Not geraten sind, sondern der bestehenden Rechtsordnung der Kirche. Um die Not zu beheben, haben wir - sogar in Übereinstimmung mit dem Kirchenrecht, wie das *Adrian Loretan* (1994) überzeugend dargetan hat - in der Schweiz und anderswo Laienämter herausgebildet, die - nach Meinung des Papstes und einer bestimmten Theologie - nicht oder zu wenig in den sakramentalen Dienst eingebunden sind. Das ist ja letztlich auch der Grund der Spannungen. Tatsächlich - da bin ich mit Bischof Koch einverstanden - geht es darum, die Zulassungsbedingungen zum priesterlichen Amt neu zu definieren. Das wird aber nur geschehen können, wenn die dogmatische Sturheit aufgelöst wird, mit der man an der Männlichkeit des Priesters und am Zölibat festhält. Die Geschichte eröffnet uns diesbezüglich eine grosse Freiheit. Wer das heute angesichts der Überfülle historischer und exegetischer Untersuchungen nicht zur Kenntnis nimmt, macht sich der 'ignorantia crassa' (krasse Unwissenheit) schuldig: Was man wissen könnte

und wissen müsste, weiss man nicht! Und das ist, sagt der Moraltheologe, besonders schwer zu gewichten. Freilich muss man erkennen, dass das Problem der heutigen amtskirchlichen Dogmatik der Umgang mit der eigenen Geschichte ist. Das unklare Verhältnis zwischen Kirche und Naturwissenschaft war lange Zeit die Quelle für ständig andauernde 'Glaubensprobleme'. Heute besteht die gleiche Unklarheit bezogen auf die historischen Vorgänge. Statt sich dem Eigentlichen zuzuwenden, reden wir immerzu nur über selbstgemachte Probleme!

3. Was ich aber nicht teilen kann, ist die Auffassung, dass es zunächst um die 'viri probati' (erprobte Männer; gemeint: Verheiratete, welche einen guten Ruf haben) und das Diakonat der Frau geht. Das waren die dringlichen Forderungen verschiedener Bischofskonferenzen und Synoden bereits in den Sechziger- und Siebzigerjahren. In Brasilien kenne ich Bischöfe, die die erprobten Männer bereits ausgesucht hatten. Die seelsorgliche Not ist unterdessen aber so gross geworden, dass wir heute vor einem grossen Abgrund stehen. Und Abgründe überspringt man mit einem einzigen Sprung, alles andere ist tödlich. Das mögen Sie für übertrieben halten. Aber wenn es in Lateinamerika viele weitabgelegene Pfarreien gibt, in denen seit dreissig Jahren keine Eucharistie mehr stattgefunden hat, wenn es in Recife einen Provinzial gibt, der an den Wochenenden als Pfarrer für 100'000 Gläubige zu funktionieren hat, wenn es in Italien - und gar nicht als Einzelfall - einen Direktor eines Bildungshauses gibt, der gleichzeitig Pfarrer einer sechzig Kilometer entfernten Pfarrei ist, und wenn es in der Schweiz Mammutpfarreien gibt, in denen 21 ehemalige Gottesdienstgemeinschaften zusammengefasst sind und zwei halbe Priester zur Verfügung stehen, dann ist die Rede

vom ersten Schritt entweder pastorale Blindheit oder dann, was schlimmer ist, reiner 'Zynismus'.

4. Wenn also jene, die Verantwortung tragen, versagen, dann bleibt nur noch die Selbsthilfe. Es ist billig, diese ohne weiteres als Anmassung abzutun. Selbstverständlich darf sich niemand anmassen, die Taufe zu spenden, Beichte zu hören, die Krankensalbung zu spenden oder gar Eucharistie zu feiern. Aber ist es denn so unvorstellbar, dass der Heilige Geist auch heute noch tut, was er in biblischer Zeit getan hat?

Nehmen wir zum Beispiel die Texte, die bei der Priesterweihe vorgelesen werden. Num 11: Hier wird doch gerade erzählt, wie der Heilige Geist über der Polarität 'Offenbarungszelt - Lager' steht, angewandt: über der Polarität 'Priester - Laie', 'Altarraum - Kirchenschiff', über den Strukturen, Institutionen, Vorhaben, Regeln usw. Der Heilige Geist ist jederzeit für eine Überraschung gut: auch zwei 'im Lager' geraten in der Kraft des Geistes in Verzückung und reden prophetisch. Das musste Moses erst nachvollziehen. Wie oft musste die offizielle Kirche hinterherlaufen: Ökumene, Liturgie, Bibellesen, die neue Theologie ... Warum denn nicht auch in der Frage der Zulassungsbedingungen? Auch Petrus musste erleben, dass die dogmatische Fixierung der Urkirche auf das 'Gesetz' vom Heiligen Geist durchbrochen wurde (Apg 10, 19ff). Er hinkte dem Heiligen Geist hintennach. Der Heilige Geist ruft, lockt, wehrt ab, hindert. Er steht auf jeden Fall immer über dem Gegebenen und über dem Vorhaben, wie an vielen Stellen des Neuen Testamentes deutlich wird. Franz von Assisi hat darum davon gesprochen, dass der Heilige Geist der 'Generalminister der Bruderschaft' sei. Immer noch haben wir die

Pneumatologie nicht in die Ekklesiologie hereingeholt, etwas, was doch das Postulat Paul VI. nach dem Konzil war (*Rotzetter*, 1987, 53-89).

Auch der bekannte Aussendungsbefehl an die zweiundsiebzig Jünger kommt mit einem erfrischenden Potential auf uns zu: die Jünger sollen dahin gehen, wohin Jesus selbst kommen wollte. Wunderbare Vor-Läufigkeit des Amtes! Ich wähle bewusst diese Doppeldeutigkeit des Wortes. Da wird gerade nichts festgelegt, nur dies: Jesus will selbst kommen. Wir haben nur vorzubereiten, vorauszulaufen und uns überflüssig zu machen - in dem Masse, wie Jesus kommt. Ein solches Amstverständnis ist um einiges demütiger, bescheidener als jenes, das immer nur auf seine Position pocht, sich abgrenzt, sich verteidigt - und andere an den Rand drängt. Der Wille zur Macht ist ganz bestimmt nicht in diesen Texten.

Ich führe weitere Beispiele für das Wirken des Geistes, dem die Amtskirche immer hintennachläuft, an. Es gab eine Zeit, in der die Kirche die Privatbeichte nicht als Sakrament anerkennen wollte. Und doch musste sie es dann im Nachhinein tun, weil einige Mönche aus Irland das für eine gute Sache hielten, und das Volk auch. Es gab eine Zeit, in der die Erhebung der Hostie beim Hochgebet der Messe verboten war. Und auch das Knien war verboten. Und erst, nachdem die Menschen - missbräuchlich - aufgehört haben, unter beiden Gestalten zu kommunizieren, erfand man die dazugehörige theologische Argumentation. Und zu den Voraussetzungen, die es brauchte, um zum Priester geweiht zu werden, gehörte lange Zeit die Fähigkeit, das Hochgebet der Eucharistiefeier aus dem Augenblick heraus formulieren zu können.

5. Selbstverständlich bin auch ich der Meinung, dass Wort und Sakrament eine innere Einheit bilden. Wie schnell aber kann dieses Postulat zur Ideologie verkommen, zu einer Lehre, die einzig den Zweck hat, die eigene Macht zu erhalten? Die Einheit des gottesdienstlichen Handelns wird aber doch viel besser durch das harmonische Verhältnis zwischen Priester und Laien erfahrbar. Man lese doch einmal, was Paulus zum Thema im 11. Kapitel des ersten Korintherbriefes sagte. Da geht es um Einheit, nicht um Profilierung einzelner. Man kann diese Einheit mit ein paar Regieanweisungen für die liturgische Feier sichern. Ich möchte Sie in diesem Zusammenhang, lieber Bischof Amédée, an frühere Praktiken erinnern, die ebenso wenig diese Einheit zur Erfahrung brachten. Wie oft ist es doch geschehen, dass Sie als Benediktiner die Predigt halten mussten, die Eucharistie aber von einem andern Priester gefeiert wurde. Möglicherweise haben Sie, wie ich letzthin, als ich in Einsiedeln zu predigen hatte, nach der Predigt in der Jugendkirche die Eucharistiefeier verlassen, um ohne Hetze den 11-Uhr-Gottesdienst in der Klosterkirche beginnen zu können. Das widerspricht doch vielmehr der Einheit von Wort und Sakrament! Auf der andern Seite kommt diese Einheit doch vollkommen, auf jeden Fall in genügender Weise zum Ausdruck, wenn ein Laie - der heute normalerweise die grössere theologische Kompetenz hat als der vielleicht 80jährige Priester - sich vor seiner Predigt beim Zelebranten den Segen holt und nachher im Altarraum bleibt. Wir kannten früher schon Formen, bei denen so gefeiert wurde: Der Diakon holt sich beim Zelebranten den Segen; ein Abt oder Bischof hält die Begrüssung und spricht am Ende den Segen, die Eucharistiefeier aber überlässt er einem andern Priester und die Predigt

nochmals einem anderen. - Bleibt also noch der sog. 'character indelebilis' (unauslöschliche Prägung), dieses offenbar ontologische Hineingenommensein in das Priesteramt Jesu, das durch die Weihe zustandekommen soll. Aber ist das nicht noch einmal Ideologie? Und warum soll denn dieses Hineingenommensein ein Hindernis für eine pragmatische Lösung sein? Auf jeden Fall hat das nichts zu tun mit dem, was zeichenhaft von der Gottesdienstgemeinschaft wahrgenommen werden kann. Ob Priester oder Laie ist auf der Ebene der Sichtbarkeit und der Erfahrung völlig gleich. Wichtig ist, dass im Auftrag der Kirche Eucharistie gefeiert und eine gute Predigt gehalten wird und dass beides eine real erfahrbare Einheit darstellt. Um diese herzustellen, braucht es guten Willen und Heiligen Geist bei allen Beteiligten und nicht zuletzt auch auf der Seite der Leitungsämter.

6. Auch ich bin der Meinung, dass Eucharistie nicht dem Subjektivismus anheimfallen darf. Hier findet ein objektives Geschehen statt, in das sich die beteiligten Subjekte einbringen müssen. Ich hoffe, dass ich genügend bewiesen habe, dass ich gegen die Beliebigkeit in Sachen Glauben bin. Für mich verstärkt sich diese sogar noch im Zusammenhang mit der Eucharistiefeier. Nur kann man weder philosophisch noch theologisch so einfach sagen: hier Text = objektiv, dort freie Formulierung = subjektiv. Ich will es offen bekennen, dass ich seit über dreissig Jahren Gebete und Hochgebete frei formuliere. Ich bin Schüler des damaligen Professors Anton Hänggi, des späteren Bischofs von Basel, und darum auch geschult in Sachen Hochgebet. Ich glaube nicht, dass man ihn so ohne weiteres für eine solche Argumentation einspannen darf. Ich habe übrigens vor zwanzig Jahren das Modell der 'kreativen Reproduktion' entwickelt, indem ich von

einem 'Kanon objektiver Gegebenheiten' sprach (*Rotzetter*, 1979, 97-111). Gemeint habe ich damit jene Elemente, die im Kanon unbedingt enthalten sein müssen. Statt ein Verbot der freien Rede zu verhängen, wäre es angebrachter, die Priester diesbezüglich zu schulen. Auf jeden Fall kommt so die Objektivität des Glaubens viel besser zur Frau und zum Mann als unter Umständen durch immer gleichbleibende Texte, die oft ohne Bezug zur Situation sind, in der wir leben. Ich habe jetzt eine über dreissigjährige intensive Eucharistieerfahrung hinter mir. Immer wieder durfte ich in Gruppen, bei Exerzitien, aber auch in Pfarreien an Eucharistiefeiern teilnehmen, und sie zum Teil auch selber 'gestalten', in denen die Objektivität des Glaubens zu einem subjektiven Erlebnis wurde. Überall, wo ich hinkam, ob in Spanien oder in Deutschland, ob in Italien oder in der Schweiz, in Peru oder in Brasilien - überall habe ich solche Gottesdienste erlebt; die verantwortlichen Personen sind verschieden, aber die Art und Weise, wie man weniger rituell, dafür um einiges existentieller, Eucharistie feiert, ist fast überall dieselbe. Ich kann aus dieser Erfahrung heraus nicht mehr sagen, das sei nicht vom Heiligen Geist. Ich werde abgrundtief traurig oder auch wütend, wenn diese wirklich existenziell-mystische Kirche so leichtfertig zum Subjektivismus erklärt wird. Wie lebendig waren doch zum Beispiel die Gottesdienste um Carlo Caretto bei Assisi. Ich könnte ein hoffnungsvolles Buch über diese lebendige Kirche schreiben.

Man würde einen grossen Teil der engagiertesten und spirituellsten Gläubigen in unserer Kirche verletzen, wenn das durchgeführt würde, was das bischöfliche Schreiben von Kurt Koch vorsieht. Wohlverstanden: Ich sage nicht, dass es nicht auch viele misslungene und oberflächlich gestaltete freie Hochgebete gibt. Dem ist aber anders zu begegnen als mit einer grundsätzlichen Ablehnung einer Tradition, die unterdessen, wie mir scheint, bereits Gewohnheitsrecht geworden ist. Und ich sage auch nicht, dass nur frei formulierte Gebete sein dürfen. Auch die objektiven Gebete sind Texte, die den Gläubigen treffen können, sofern sie wirklich bewusst gesprochen und sinnentsprechend gestaltet sind.

Der geistlose Vollzug des Hochgebetes ist offenbar für die Amtskirche kein Problem. Was sagt heute die Amtskirche zum Phänomen der 'missa di cacciatore' (Jägermesse), der 'Husch-husch-Messe'? Vor kurzem hat ein Mann, der jeden Tag in die Eucharistiefeier geht, bei mir ein geistliches Gespräch gesucht. Er leidet ungeheuer, dass in seiner Pfarrei die Werktagsmesse keine fünfzehn Minuten und die Sonntagsmesse samt Predigt keine dreissig Minuten dauert. Es läge, so sagt er, eine andauernde Ruhelosigkeit über allem. - Bei uns im Kloster war letzthin eine Frau im Klosterkreisgottesdienst, der so gestaltet war, wie er nach Meinung der Amtskirche von nun an nicht mehr stattfinden dürfte. Am Morgen war die Frau bei einem Dreissigsten für ein nahes Familienmitglied. Der Pfarrer hatte für diese Messe gerade eine Viertelstunde gebraucht. Die Frau sagte mir nach dem Gottesdienst im Kloster: „Endlich wieder eine richtige Messe!" - und fügte hinzu, ihre Sonntagsgottesdienste seien immer so kurz und ohne Andacht! Der Gründer der Schweizer Kapuzinerprovinz, Franz von Bormio, forderte Kardinal Karl Borromäus in seinem Visitationsbericht auf, solche Priester ihres Amtes zu entheben. - In einer Pfarrei hält ein weit über 80jähriger Priester den Sonntagsgottesdienst; am Altar steht ein Laie, der ihm sagt, was alles der Reihe nach kommt. Trotzdem spricht der Priester unter Umständen drei oder vier Mal die Wandlungsworte, weil er dem Laien nicht glaubt, dass er sie schon gesprochen hat. „Das sind doch Einzelfälle“, werden Sie sagen, Bischof Amédée. Hoffentlich! Aber ich füge gleich hinzu: Der geistliche Vollzug des Hochgebetes ist weitherum mangelhaft. Oft ist es ein eintöniges, schnelles Herunterleiern des Textes, bei dem keinerlei innere Anteilnahme des Priesters zu verspüren ist. Und oft können die Laien, wie ich durch vielzählige Stimmen belegen könnte, diese Leier nicht mehr anhören. Wo bleibt dann aber die vielgerühmte Objektivität, in die wir als Gläubige hineinwachsen, besser, uns hineinfallen lassen können? Sie kann ebenso wenig wie die mystisch-spirituelle Dimension der Kirche mit juristisch-dogmatischen Massnahmen gesichert werden. Eine Kirchenordnermentalität führt nirgendwo hin.

7. Ich möchte betonen, dass es tatsächlich ein Problem des Glaubens gibt. Aber ich möchte nicht einfach von der 'Verdunstung des Glaubens' sprechen. Das stimmt so nicht; ich habe es bereits mehrfach gesagt: Es gibt überall auch das genaue Gegenteil davon: eine konfuse Gläubigkeit, ja eine Beliebigkeit im Glauben, egal, was. Aber ich würde von einer 'Verdunstung des *biblischen* Glaubens' sprechen. Das aber kann gerade mit einer verfehlten Pastoral zu tun haben. Wie soll man erleben können, dass der biblische Glaube Sinn macht und auch heute noch eine gute Perspektive ist, wenn man die Durchdringung des Geistes und die Gegenwart des Auferstandenen nicht mehr in einer wirklich leibhaften Gestalt, in einer Körperschaft, in der man sich nahe ist, erfahren kann? Diese Mammutgebilde, in denen ein Priester zuständig ist und die Laien nicht dürfen, was sie können, sind letzt-

lich kirchen- und glaubenszerstörend. Der Verlust des spezifisch Christlichen und des biblischen Glaubens ist, stelle ich einmal als Gegenthese auf, das Ergebnis des von Rom seit Jahrzehnten erzeugten oder doch wenigstens in Kauf genommenen Priestermangels. Immer grössere Pfarreien führen zu immer weniger Erfahrung - schliesslich bleibt man ganz fern und holt sich, was man braucht, bei den 'City-Religionen'.

8. Noch ein Letztes. Darf man die Instruktion wirklich nicht zurückweisen? Ich möchte Sie daran erinnern, dass so etwas nicht so ungewöhnlich wäre und im Verlaufe der Jahrhunderte öfter vorgekommen ist. Im Mittelalter galt ein interessantes Prinzip: „Lex non acceptata non obligat." Eine gesetzliche Massnahme, die nicht angenommen wurde, hatte keinerlei verpflichtende Kraft. Und das in einer Epoche, die viel autoritärer war als die unsrige. So haben die Klarissenklöster die Regel, die Innozenz IV. 1246 dem Orden für ewige Zeiten auferlegte, ganz schlicht nicht angenommen. Klara selbst machte sich vielmehr alsogleich daran, selber eine Regel zu schreiben - als erste Frau der Geschichte. Diese Regel wurde dann noch vom selben Papst 1253 approbiert.

Warum also sollte man nicht auch heute den Mut aufbringen, Instruktionen zurückzuweisen? Die Missstände, die in der Instruktion genannt werden, können auch andere Ursachen haben. Die Instruktion steht überdies nicht isoliert da. Wir haben seit Jahren in verschiedenen Bereichen ein Diktatregime: Bischofsernennungen, Eingriffe in die Orden (*Rotzetter*, 1992, 44-70), fragwürdige theologische und moralische Äusserungen noch und noch. Und jetzt wieder das Motu proprio „Ad tuendam veritatem" (Zum Schutz der Wahrheit), in dem der Papst unter den schwersten Strafandrohungen auch für seine persönlichen Lehrauffassungen unbedingten Gehorsam verlangt. Und das Motu proprio vom 21. Mai 1998 „über die theologische und rechtliche Natur der Bischofskonferenzen“ ist ebenfalls eine weitgehende Zurücknahme dessen, was das Zweite Vatikanische Konzil eigentlich wollte: das Bischofskollegium, gewiss geeint mit dem Papst, aber eben auch als kritische Instanz. Das alles bewegt sich auf ein- und derselben Linie - zum Schaden letztlich der Kirche und eben der Wahrheit, die es zu schützen gälte. Nichts schadet der Wahrheit mehr als ihre gesetzmässige Durchsetzung. Niemand ist da, der sich verantwortlich weiss für eine Wende. Zur Zeit des Konzils, zu einer Zeit, als das Bischofskollegium in seiner Komplementärfunktion noch nicht formuliert war, hatten wir noch Bischöfe, die mutig ihren Mund aufmachten. Heute sind sie mehr oder weniger gleichgeschaltet. Schon vor der Ernennung muss einer seine absolute Loyalität bekunden, sonst wird er gar nicht zu diesem Amt berufen. Wer Bischof wird, wird es zum Teil oft genug nur dann, wenn er bereits vorher seine 'Anpassungsfähigkeit' unter Beweis gestellt hat. Zwei Beispiele: Ein beliebter Pfarrer wird zum Weihbischof bestimmt. Er gibt einer Zeitung freimütig Auskunft zum Thema Frauenpriesterum. Rom vernimmt es und verweigert die Ernennungsurkunde solange, bis der Pfarrer in einem zweiten Interview, bei dem der Bischof sogar selber die Fragen gestellt haben soll, seine Position zurückgenommen hat. Ein anderer, der für das Amt des Weihbischofs vorgesehen war, hatte gewöhnliches Brot zur Eucharistiefeier verwendet und gesagt, die Eucharistiefeier sei keine geschlossene Gesellschaft, sondern offen auch für Geschiedene. Der Nuntius bekommt Wind davon und bedrängt - zusammen mit dem zuständigen Bischof! - den Pfarrer, sich in einem Artikel davon zu distanzieren. Dieser weigert sich - ganz folgerichtig wird er nicht Weihbischof! Und die Ernannten, die Gefügigen, sollen dann als Bischöfe fähig sein, um es mit Paulus zu sagen, dem Kephas „offen entgegenzutreten, weil er sich ins Unrecht gesetzt hat" (Gal 2,11)? Ich bin nicht der einzige Theologe, der vom Versagen der Bischöfe spricht. Oft nehmen sie ihre Funktion nicht wahr, die ihnen vom Zweiten Vatikanischen Konzil zugedacht wurde. Statt zu ergänzen und zu korrigieren, nicken sie nur mit dem Kopf. Statt sich mit dem Bistum, dem sie dienen sollten, und mit anderen Bischöfen des Kollegiums zu verbinden, isolieren sie sich. Am Ende stehen sie allein da.

5.4 Das Volk befragen

Laut liturgischer Vorlage muss der Bischof bei der Priesterweihe fragen, ob das Volk über die Eignung der Weihekandidaten befragt wurde. Welche Frage! Lex orandi - Lex credendi! (Das Gesetz des Gebetes ist das Gesetz des Glaubens.) Beten und glauben müssen inhaltich übereinstimmen. Aber auch Lex agendi (Gesetz des Handelns)! Man muss auch entsprechend handeln. Darum muss sich die Frage geradezu aufdrängen: Hat man das Volk wirklich gefragt? Fragt man, wer die Fähigkeiten mitbringt, wer nicht; wer eventuell aus dem Bekanntenkreis die nötigen Fähigkeiten hätte? Natürlich wird das Volk, im Gegensatz zu früher, nicht gefragt!
Würde es gefragt,

- es würde viele Priester, welche geweiht werden, nicht berufen. Nicht berufen würde es mit Bestimmtheit Männer, die naiv, unkritisch, beziehungsunfähig, stur

... sind. Die Probleme, die durch solche Priester auf uns zukommen werden, schaffen wir uns selber. Viele sind es, die erst vor kurzem geweiht wurden und bereits Probleme machen. Ein genaues Hinhören auf das Volk hätte vieles vermeiden können.

- es würde anderseits viele (auch Frauen) zum Priesteramt vorschlagen, welche die Bischöfe wegen einer nicht mehr haltbaren Tradition nicht weihen können. Wenn aber die liturgische Frage im Weihegottesdienst nicht nur eine Floskel sein soll, dann müssen die Bischöfe die Stimme des Volkes ernst nehmen und sie auch gegenüber einem praxisfernen und störrischen Vatikan zur Geltung bringen.

Die Frage der Weiheliturgie stellt uns erneut vor einen faszinierenden Horizont. Sie muss neu aktualisiert werden - und zwar auf eine Weise, die unserem demokratischen Empfinden entspricht. Fragen wir doch unsere Gemeinden, ob sie die verheirateten und deshalb laisierten Priester zurückwollen; ob sie die Diakone, die Pastoralassistenten und Pastoralassistentinnen, die Katechetinnen und Katecheten, ob sie die Leute, die ihren kirchlichen Dienst tun, als Priester und Priesterinnen wollen. Wenn das Ja erfolgt ist, sind sie zu weihen. Mehr noch: Gehen wir, die Bischöfe und von ihnen Beauftragte in die Pfarreien, suchen, fragen wir doch die Frauen und Männer, welche zu den Stützen der Pfarreien gehören, wen sie denn als Priester und Priesterin für geeignet halten. Und weihen wir sie dann ohne Zögern. Ich wüsste nicht, was dagegen einzuwenden wäre. Vox populi - Vox Dei!

5.5 Die Kriterien für das priesterliche Amt

Lieber Bischof Amédée

Wenn ich schon dabei bin, utopische Vorstellungen zu formulieren, so möchte ich auch versuchen, konkrete Kriterien zu benennen, die ich als Voraussetzung für das kirchliche Amt halte.

Gewiss gehört dazu nicht das männliche Geschlecht. Es gibt eine Tradition, die das priesterliche Amt mit dem Dienst Mariens in Verbindung bringt (*Rotzetter*, 1981, 188-202). Das Amt der Kirche besteht darin, Christus zu gebären; die Pfarrei ist der Ort der Christogenese, ein Ort, an dem Christus sichtbar werden will. Eine andere weibliche Figur, die verdeutlichen könnte, welches die Aufgabe des Priesters ist, ist mir seit langem die der Hebamme: Christus an einem überschaubaren Ort zur Geburt verhelfen. Ich bin überzeugt, dass es dazu oft ganz andere Männer bräuchte als die, die heute dieses wunderbare Amt innehaben. Vor allem aber könnte man dann nicht mehr mit dem unsinnigen Argument kommen, weil Jesus ein Mann gewesen sei, könne auch nur ein Mann Priester sein. In welch abstruse Gefilde ein solches Denken führen kann, zeigt das Beispiel der sogenannten 'Vilemiten', einer Frauenbewegung, die sich an der faszinierenden Gestalt Vileminas (1210-1281), der Schwester der hl. Agnes von Prag (1224-1282), entzündet hat. In ihr, argumentierte man, sei Gott nun auch im 'Fleisch der Frau inkarniert' worden, jetzt können auch die Frauen Priesterinnen, Bischöfinnen, ja Päpstinnen werden. Folgerichtig feiert Mayfreda, ihre Anführerin, 1305 in einer Mailänder Kirche, umgeben von einer ganzen Reihe von Subdiakonen/Subdiakoninnen und Diakonen/Diakoninnen die Eucharistie. Worauf sie und andere führende Mitglieder der Sekte von der Inquisition verbrannt wurden (*Muraro*, 1987). Liest man die Prozessakten, die noch erhalten sind, so erkennt man, wie beleidigend die Aussage für Frauen ist: Habt doch noch etwas Geduld. Heute verbrennt die Kirche niemand mehr, gewiss, aber sie nimmt es auf sich, dass unzählige Frauen innerlich verbrennen.

Ganz gewiss wäre auch der Zölibat kein Kriterium. Zwar bin ich davon überzeugt, dass der Zölibat eine christusförmige und sinnvolle Berufung ist. Aber sie darf niemandem als Pflicht auferlegt werden. Wir würden, meine ich, um einiges glaubwürdiger. Natürlich hätten wir es dann auch mit den Menschlichkeiten und mit dem sündhaften Versagen in der Priesterehe zu tun. Das wäre aber immer noch um vieles weniger schwerwiegend als die Heuchelei und Scheinheiligkeit, die man unserer heutigen Kirche in diesem Zusammenhang zum Vorwurf macht.

Meine Kriterien sind vielmehr folgende:

1. *Spirituelle Kompetenz*: Wer in den kirchlichen Dienst treten will, muss eine echte Innerlichkeit haben: einen tiefen Glauben, eine starke Hoffnung, eine in Gott wurzelnde Liebe. Er/sie muss meditieren, die Heilige Schrift geistlich verstehen, beten können. Er/sie muss ein echter Zeuge, eine echte Zeugin der Transzendenz sein. Ich möchte gewiss nicht verallgemeinern, und ich habe oben von vielen vorbildhaften Pfarreien erzählt. Trotzdem möchte ich sagen: Eine wirkliche Einführung in die Spiritualität findet in den Seminarien kaum statt. Ich bin erstaunt, wie banal und oberflächlich dort Tisch- und Abendgebete sein können. Erschrocken war ich, als ich

in einem Kurs zusehen musste, wie die Seminaristen sozusagen aus dem Bett an den Frühstückstisch fielen. Entsetzt war ich, als ich hörte, dass einer, der öffentlich sagte, beten sei nichts anderes als ein Selbstgespräch, Gott sei eine blosse Projektion, zum Priester geweiht wurde. Wie sollen diese Menschen einmal als Vorbeter in ihren Gemeinden wirken können? An der mangelnden spirituellen Kompetenz der Priester liegt es unter anderem, dass so wenig Tiefgang im Glauben spürbar wird in unseren Gottesdiensten. Die mystisch-geistliche Dimension fehlt in vielen Gemeinden weitgehend, wenn nicht ganz, wie ich während eines Sabbatjahres, als ich mich für das Institut für Spiritualität in Münster/Westfalen vorbereitete, selber nachgeprüft habe. Der Vorwurf, dass viele Priester nur Funktionäre sind, dass ihnen aber die geistliche Erfahrung fehlt, ist schon alt. Ich zitiere hier nur zwei bedenkenswerte Äusserungen. So sagte *Theodor Haecker* (+1945) einmal: „Die Verkünder des Wortes Gottes „leben nicht am heiligen Feuer, sie erzählen nur, dass es eines gibt“[1]. Der Psychologe *Abraham Maslow* sagt es auf seine Weise: „Viel Theologie kann als der vergebliche Versuch betrachtet werden, die ursprüngliche mystische Erfahrung, wie sie von den Propheten überliefert worden ist, in kommunizierbare Worte, Formeln, symbolische Rituale und Zeremonien zu übersetzen. Organisierte Religion kann wiederum gesehen werden als das Bemühen, Gipfelerfahrungen Menschen zu übermitteln, die selbst keine Gipfelerfahrungen machen. Dazu kommt, dass viele, die versuchen, im Auftrag der Kirche anderen die Gipfelerfahrung näher zu bringen, selbst zu jenen zählen, die über keine Gipfel-

[1] Leider kann ich das Wort nicht belegen.

erfahrungen verfügen oder einen schweren Zugang dazu haben" (*Maslow,* 1980, 42f). *Die Fähigkeit zu beten und eine Gemeinde im betenden Vollzug in das Geheimnis Gottes einzuführen, ist darum als erstes Kriterium des priesterlichen Amtes zu postulieren.* Für die Ausbildung des zukünftigen Seelsorgers, der Seelsorgerin muss darum ein erstes Postulat formuliert werden: „Experientia facit theologum" - Es ist die Glaubenserfahrung, welche den Theologen zum Theologen macht und die Seelsorger zu Seelsorgern. Eine Theologie, die nicht darauf gründet und auf sie abzielt, hängt in der Luft, und es wäre besser, diese Menschen hätten überhaupt keine Theologie studiert.

2. Emotionale Kompetenz: Wer in den kirchlichen Dienst tritt, muss eine gesunde und gereifte Psyche haben. Vor einigen Jahren hat der Psychologe H. Ringel ein Buch geschrieben mit dem Titel: „Religionsverlust durch religiöse Erziehung". Er weist darin nach, wie verheerend jemand, der im Dienste der religiösen Vermittlung steht, sein kann, wenn er in seelischen Zwängen lebt. Enge, Angst, Kleinlichkeit und vieles mehr springen eben auch über, wenn einer eine Predigt hält oder Messe feiert, mag er sonst noch so gescheit predigen oder noch so fromm sein. Viele - oft sieht man es ihnen bereits am Gesicht an - haben etwas Lebensverweigerndes an sich. Andere scheuen sich, Verantwortung zu übernehmen, wagen nicht, eine eigene Meinung zu haben, verkriechen sich am liebsten in den Mutterschoss oder eben hinter die Schürze eines Bischofs oder Papstes. Ich ziehe es vor, weniger Priester zu haben als viele, die wegen ihrer seelischen Verfasstheit für diesen exponierten Beruf nicht taugen. Was heute ganz allgemein zur Beurteilung eines

Menschen herangezogen wird, die emotionale Kompetenz, muss auch als Kriterium für das Priesteramt gelten. Daraus ergibt sich ein zweites Postulat für die Ausbildung der Seelsorger und Seelsorgerinnen: *Mündigkeit, Erwachsensein, eine aus der Enge der eigenen Geschichte ausgebrochene Persönlichkeit, deren Kennzeichen Wärme, Offenheit, Stabilität, Berechenbarkeit sind.* Dazu gehört auch die Begegnung mit der Frau und mit dem Mann. Emotionalität kann nur in einem gemeinsamen Prozess heranreifen.

3. *Kommunikative Kompetenz*: Wer in den kirchlichen Dienst tritt, muss beziehungsfähig sein. Er/sie muss seinem/ihrem Gegenüber in die Augen schauen und den Blick aushalten, zuhören und schweigen können, sich selbst öffnen und mitteilen wollen. Er/sie muss die Fähigkeit haben, zu vernetzen und zu verbinden, zu versöhnen und Gegensätzliches unter einem Dach zu sammeln. Er/sie muss alle Fähigkeiten haben, die ein guter Gruppenleiter/eine gute Gruppenleiterin hat, d.h. er/sie muss wie eine Hebamme sein, die anderen bei der Geburt des Lebens beisteht und die sich bewusst ist, dass es um das Leben anderer geht und nicht um Selbstproduktion. Und vor allem: Er/sie muss teamfähig sein, zusammenarbeiten können. Er/sie darf nicht zu einsamen Entscheidungen neigen. Nur so wird die 'Communio' zustande kommen können, die die Kirche ja zu sein hat. Als eine gute Sache erweist sich die konsequente Schulung in der sog. Themenzentrierten Interaktion. Gespräche führen mit einzelnen und in Gruppen - das ist etwas, was viele der heutigen Theologen nicht können.

4. *Eine kritische Intelligenz*: Wer in den kirchlichen Dienst tritt, muss kritisch denken können. Er/sie darf nicht auf alles hereinfallen, muss unterscheiden können. Wohlverstanden: Damit meine ich nicht eine wissenschaftliche Kompetenz, nicht einmal eine theologische Ausbildung. Was jemand heute im Zeitalter des Pluralismus braucht, ist die Fähigkeit des selbständigen und verantwortungsvollen Urteils. Strahlende Augen und naive Wundergläubigkeit statt Denken - das ist nicht zu gebrauchen. Das Theologiestudium müsste auf dieser Ebene bei wirklichen Fragen von heute ansetzen. Seelsorgerinnen und Seelsorger müssen bereit und fähig sein, sich mit den Fragestellungen unserer Zeit kritisch auseinanderzusetzen.

Vielleicht gibt es noch andere Kriterien, die mir jetzt nicht in den Sinn kommen. Aber ich denke, dass die bisher genannten bereits jetzt ihre Wirkung haben könnten, wenn man sie nur wirklich durchzusetzen versuchte.

5.6 Der überschaubare Raum

Wichtig ist mir, dass wir zur Kenntnis nehmen, was *Gerhard Lohfink* (1998, 273) zur Grösse einer Pfarrei sagt. Die Zahl 120 (Apg 1,15) sei als Obergrenze für eine kirchliche Einheit festgelegt. Hier könne man sich kennen, sich vertraut machen, Sorgen und Nöte teilen, an allem teilhaben, was einen bewegt, eine echte Alternative zur Gesellschaft herausbilden. Das Priesteramtsverständnis des Papstes und der Bischöfe führt zu immer noch grösseren und unübersichtlicheren Einheiten. Damit wird das zerstört, was auf einer kleineren Ebene noch lebt, und das verunmöglicht, was in kompakten und überschaubaren Gemeinschaften entstehen und wachsen kann. Und dann spricht man in einer Sündenbockmentalität von 'Säkularisation' und von der 'Verdunstung des Glaubens' - und das in einer Zeit, in der die ganze Welt 'von Religion dampft'. Die Verdunstung des Glaubens und die Flucht in Ersatzreligionen sind weitgehend hausgemacht. Sie sind die Folgen eines falschen Pastoralkonzepts. Und das ist ärgerlich.

Wir müssen zurückkehren zur überschaubaren Grösse der Pfarreien. Und jede Pfarrei soll einen Mann und eine Frau haben, der/die die Eucharistie feiern kann. Woher die Leute nehmen? Ich halte es mit *Carlo Caretto*, der schon vor langer Zeit in einem berühmten Brief festgehalten hat: Es gibt keinen Priestermangel, es gibt nur eine Blindheit der Kirche, die vorhandenen Berufungen zu erkennen (Lit. bei mir).

Ich könnte mir Pfarrei auch so denken: Viele kleine Gruppen, für die je eine Frau oder ein Mann auch die Kompetenz hat, Eucharistie zu feiern, die aber dann immer wieder hineinwachsen in eine übergeordnete Grösse, für die dann wieder eine Gemeindeleiterin/ein Gemeindeleiter mit eucharistischer Sendung verantwortlich ist. Wäre in diesem Fall die eingeklagte Einheit von Wort und Sakrament nicht weit mehr als realisiert?

Natürlich höre ich jetzt wieder, wie jemand sagt: nicht jeder kann alles machen. Das wird ja auch gar nicht gesagt, im Gegenteil: Es dürfte doch aus allem, was ich gesagt habe, hervorgegangen sein, dass jeder und jede nur das tut, wozu er oder sie befähigt und auch gesandt ist. Die Berufung durch die Kirche hat auf der Grundlage der vorgegebenen Charismen zu erfolgen!

Lieber Bischof Amédée

Gerade dieses ist je länger je mehr ein Anliegen. Wir brauchen nicht noch grössere pastorale Einheiten. Auf der Verwaltung kann man meinetwegen zusammenlegen, was immer zusammenzulegen ist. Aber Menschen dürfen nicht zur Masse werden. Sie werden - zusammen mit Ihren Beratern - sehr wohl ertasten müssen, was 'die kritische Masse' ist. Seelsorge ist nur unterhalb dieses Niveaus möglich. 120 ist auf jeden Fall eine Zahl, an der man sich orieniteren sollte. Die selige Luitgard von Wittichen im Schwarzwald hat bereits die Zahl 34 als 'Kritische Masse' betrachtet, bei der geteilt werden muss!

Ich weiss natürlich, dass ich Ihnen in diesem Kapitel insgesamt schwere Kost vorsetze. Aber ich kann ja auch nichts dafür, dass sich das Volk wehren muss gegen Massnahmen, die unnötig sind und auch nicht gerade das, was man pastoral nennt. Ich hoffe, dass in Ihnen das romanische Naturell durchbricht, welches, wie ich meine, in der Handhabung und Anwendung von Gesetzen nicht so stur ist wie das germanische.

6. Die evangelischen Räte und kirchlicher Dienst

In diesem Kapitel möchte ich, lieber Bischof Amédée, den Versuch wagen, den kirchlichen Auftrag an die eigene Erfahrung zu binden und den Ort zu bestimmen, an dem beides gelebt werden kann: den überschaubaren Raum der Pfarrei - und zwar in dem Sinn, wie dieser eben definiert wurde. Dabei ist mir, nachdem ich ein Buch über die evangelischen Räte (*Rotzetter*, 1996) geschrieben habe, ihre innere Logik ebenso wie ihr Bezug zum kirchlichen Amt immer mehr aufgegangen. So habe ich immer wieder Priesterexerzitien zu diesem Thema gehalten, deren Gedankengang ich Ihnen hiermit vorlegen möchte.

6.1 Erfahrung und Sendung

Ich habe insgesamt vier Thesen aufgestellt, in denen diese Logik hervortritt. Die erste lautet:
„Die evangelischen Räte sind nicht nur geeignet, die mystische Logik des einzelnen Christen zu bestimmen, sondern auch das Verständnis des kirchlichen Amtes. Sie sind nicht nur der Kern der Erfahrung, sondern auch der Sendung. "

Was ich damit sagen will, versuche ich in folgenden Schritten zu erklären:

Ich rede von den drei evangelischen Räten (Armut, Gehorsam und Jungfräulichkeit), deren reflektierte Tradition etwa tausend Jahre alt ist. Sie dienen dazu, das Ordensleben gegenüber dem Leben der gewöhnlichen

Christen zu unterscheiden. Dem Weg der Gebote, den alle Christen gehen müssen, stand - etwa bis zum Zweiten Vatikanischen Konzil - der spontane, freie, über das Gesollte hinausgehende, eben der bloss angeratene, nicht aber allgemeinverpflichtende Weg der 'Räte', nämlich das Ordensleben, gegenüber. Heute können wir diese Unterscheidung nicht mehr so sehen.

Ich behaupte, dass wir mit den drei Räten eine Kurzformel vor uns haben, in der die ganze Mystik des Christen enthalten ist. Anders gesagt: Die Spiritualität, die sich auf die Bibel beruft, hat eine bestimmte Logik, die allen Christen gemeinsam ist, die sich aber nach Lebensstand und Situation verschieden ausfächert. Ich hoffe natürlich, dass diese Logik im Laufe der nachstehenden Ausführungen zutage tritt.

Ich möchte voraussetzen, dass alle kirchlichen Dienste - ob priesterlich oder laikal - ihren Ausgangspunkt in dieser dreifachen Logik haben, ja, dass ihr Auftrag in der Kirche darin liegt, diese Logik selbst 'im stillen Kämmerlein', aber auch und vor allem im überschaubaren Raum, mit andern zusammen zu leben. Was mit den drei evangelischen Räten gemeint ist, muss darum die spirituelle Erfahrung der kirchlichen Amtsträgerinnen und Amtsträger sein, in besonderer und hervorragender Weise aber jene des Priesters, dem besonders der sakramentale Dienst anvertraut ist. Erst auf der Grundlage dieser Erfahrung sind sie dann auch fähig, das zu tun, wozu sie gesandt sind. Und sie sind letztlich zu gar nichts anderem berufen und gesandt als zu folgendem: Sie sollen die christliche Lebensform im Auftrag der Kirche - als Pfarrei leben, oder anders gesagt: Sie sollen mit andern zusammen das leben, was sie selber erfahren haben.

Wer sind wir also? Grundsätzlich und als Amtsträger, als Priester? Wir sind keine Kugel, die ihr Zentrum in sich trägt; wir sind ins Unendliche offene und gerichtete Wesen, die nur lebendig sind in dem Masse, wie sich das unendliche Geheimnis Gottes in uns vergegenwärtigt. Dies geschieht in einer in sich schlüssigen Logik! Von diesem Geheimnis her erfahren wir uns als solche, die geschaffen, gerufen und geliebt sind und zwar in dieser Reihenfolge und mit fliessenden Übergängen, wie deutlich werden wird.

6.2 Geschaffen

Als zweite These habe ich formuliert:
„Die kirchliche Sendung, die Aufgabe der Amtsträger/innen, besteht darin, an einem überschaubaren Ort den Schöpfer aller Dinge zu feiern und von daher das Miteinanderteilen und universale Solidarität einzuüben. Kommunion ist erst dort realisiert, wo man nicht nur den gemeinsamen Gott, sondern auch die Güter der Erde miteinander und mit allen Geschöpfen teilt.“

'Armut' zur Bezeichnung dessen, was der erste evangelische Rat meint, ist angesichts der Not und des Elends, die mit diesem Begriff verbunden sind, missverständlich. Darum möchte ich, was gemeint ist, ausdrükken mit dem Satz: Wir sind Geschöpfe, und das bedeutet: Wir sind arm an Sein, wir sind seinsarm, leben nicht aus eigenen Quellen, haben letztlich nichts aus eigener Kraft, haben uns nicht selbst ins Dasein gestellt! Wir sind geschaffen! Wer sich von Gott her zu verstehen sucht, erkennt, dass das Dasein und das Sosein ihren Ursprung in Gott haben. Gott ist die Quelle, aus der mir mein Leben zufliesst. Ihm verdanke ich meine Existenz. Aus mir bin ich nichts!

Aber auch das gilt: Aus Gott bin ich alles! Zu sagen „Ich bin nichts!", ist für den Mystiker eine Aussage der Ichstärke, nicht des Minderwertigkeitsgefühls. Den Menschen, die aus einem Minderwertigkeitsgefühl heraus immer nur sagen: ich bin nichts, ich kann nichts, muss man Selbstachtung und Würde predigen, und ich wünsche mir, dass es uns allen, die dazu beauftragt sind, gelingt, die frohmachende und befreiende Botschaft, das Evangelium eben, zu verkünden. Da steht der moralische Appell immer an zweiter Stelle, an erster Stelle aber steht: Du bist etwas, Du kannst etwas! Denn Gott ist mit Dir! Das ist die Art und Weise, wie Jesus von Gott erzählt: Du bist Salz, Du bist Licht! Heute will ich bei Dir, kleiner Mann, Zachäus, das Abendessen einnehmen. Wer Gott erfährt, der weiss, dass er jemand ist. Wer Gott begegnet, der gerät in den Sog eines grossen Gottes; sein Selbstbewusstsein wird ins Unendliche wachsen. Vanna (1264-1306), eine mittelalterliche Mystikerin, wird, nachdem sie dem Geheimnis der Liebe Gottes begegnet ist, von sich sagen: „Jetzt heisse ich nicht mehr Vanna, sondern 'die Schönste'" (*Pozzi; Leonardo*, 1966, 199). Angela von Foligno, auch sie eine Mystikerin aus dem 13. Jahrhundert, hört in einer Vision Gott sagen: „Du bist mir süsser, als ich Dir süss bin!" (*Rotzetter*, 1998b) Und Klara von Assisi sagt ihrer Freundin, Agnes von Prag: „In dir wohnt der, den die Himmel nicht fassen können, darum bist du grösser als der Himmel!" (*Rotzetter*, 1998b) Da sieht man, wie das gerichtete Sein entsteht, wie die Menschen sich aufrichten, mit einem aufrechten Gang durch Zeit und Ewigkeit spazieren. Alle, die Gott erfahren, könnten sagen: Ich bin alles! Aber sie wissen, dass sie dieses Alles nur aus Gott sind, aus sich selber aber nichts!

Darum ist ihre Antwort auch nicht die Resignation oder das kleinliche Denken über sich selbst, sondern Lob und Dank. Das Leben wird ein einziger Lobgottesdienst, in dem alles, was Gott gehört, verdankt, zurückgegeben wird. Man kann sich nicht als Besitzer definieren, man muss sich vielmehr als jemand verstehen, der das fliessende göttliche Leben empfängt und gleich wieder zurückfliessen lässt.

Ein solches Selbstverständnis des Menschen muss sich aber auch auf die soziale Ebene übersetzen. Der Mensch darf sich nirgendwo in Eigentum oder Besitz einschliessen. Er muss sich, weil er eben durch und durch ein Beschenkter ist, als jemand verstehen, der teilt und schenkt. Darum gibt es im Alten und Neuen Testament auch immer wieder eine massive Eigentumskritik, ja Eigentumsfeindlichkeit. Davon ist auch die geistliche Tradition geprägt: So oder anders gibt es in allen geistlichen Aufbrüchen und Bewegungen das 'sine proprio' (ohne Eigentum), die Eigentumslosigkeit, positiv: den Willen zur Gemeinsamkeit der Güter, zum allesumfassenden Teilen, zum Anteilnehmen und Anteilgeben.

So steht zum Beispiel Thomas von Aquin zwar für das Privateigentum ein. Er tut es aber gerade nicht in der Art, wie das moderne Ökonomen oder Politiker tun. Bei Thomas ist das Recht auf Eigentum gerade die Weise, wie alle Menschen zu ihrem Recht kommen können. Da gibt es nicht das Recht bloss der einen - zu Lasten der anderen. Napoleon hat später dann die Absolutheit des Privateigentums rechtskräftig formuliert: Wer Besitz hat, darf in keiner Weise durch ethische oder soziale Wertvorstellungen gehindert werden, mit seinem Besitz so umzugehen, wie er es gerade will. Dieser ethikfreie Umgang mit dem Eigentum feiert heute Urständ. Viele meinen, mit dem eigenen Hund umgehen zu können, wie sie es selbst für richtig halten. Die Art und Weise, wie jemand sein Geld verdient und wieviel er schliesslich hat, geht niemanden etwas an. Der Staat darf keine Regeln aufstellen, die den sogenannten Freien Markt eingrenzen. Letzthin ist in Paris ein Geheimabkommen unterzeichnet worden, in dem sich die Staaten verpflichten, die Tätigkeit der Grosskonzerne nicht durch gesetzliche Auflagen zu behindern, um so die Arbeitslosigkeit zu mindern oder sie gar aufzuheben und die gefährdete Schöpfung zu schützen.

Der Mensch, der sich von Gott her definiert, kann so weder denken noch handeln! Er darf sich nicht als Eigentümer, als Besitzer aufspielen, der mit sich selber und mit dem, was er hat, willkürlich umgeht. Wir gehören Gott, und was wir haben, gehört uns nicht. Nur als mit allen anderen Teilende, mit allen Kommunizierende sind wir die, die wir von Gott her gedacht sind.

Selbst Gott versteht sich ja nicht als Eigentümer. Er hält nicht daran fest, Gott zu sein, sondern wird Mensch unter Menschen (Phil 2,5ff). Gott ist das Allermitteilsamste, die Selbst-Mitteilung, er teilt sich selbst mit uns - und wir sind Beschenkte. Erhebend ist darum, was in der Kommunion geschieht. Meister Eckhart (1260-1328) hat das Unaussprechliche - an der Grenze zur Häresie! - ausgesprochen: „Wäre ich so bereit, und fände Gott so weit Raum in mir wie in Jesus Christus, er würde mich ebenso völlig mit seiner Flut erfüllen. Denn der Heilige Geist kann sich nicht enthalten, in all das zu fliessen, wo er Raum findet, und so weit, wie er Raum findet. Nie hat ein Mensch nach irgend etwas so begehrt, wie Gott danach begehrt, den Menschen dahin zu bringen, dass er ihn erkenne."[2] Aber wohlverstanden: Dieses ganz und gar individuelle Geschenk darf nie individualistisch verstanden werden. Gott hat immer das Ganze im Blick. Wer darum in der Eucharistie nur seinen Gott empfangen will, begreift gar nichts. Gott will einen Bund unter Menschen, eine neue Verbundenheit von Mann und Frau, von Greis und Kind, von Eingeborenen und Fremden, eine Verbundenheit, die von Gott ausgeht und unter den Menschen zum beglückenden Ereignis wird. Gott will in Jesus von Nazareth einen Neuen Bund - und wir feiern ihn in der Eucharistie; eine neue Verbundenheit, die alle Welt umfängt. Gott teilt sich mit, er will uns befähigen, uns mitzuteilen und alles miteinander gemeinsam zu haben.

Dieser Wille Gottes, sich mitzuteilen, vollzieht sich, wie wir es als Grundzug der ganzen Bibel erkennen, auf der Seite der Armen. Gott ist ein Gott der Armen, und wer auf der Seite Gottes sein will, muss sich auf die Seite der Armen schlagen. Kommunion erstreckt sich darum immer auch auf jene, die nichts haben und darauf warten, dass sie Anteil bekommen an den Gütern der Schöpfung. Darum konnte es Franz von Assisi nicht ertragen, einen Menschen anzutreffen, der ärmer war als er. Er musste noch im gleichen Augenblick teilen, schenken, dem Armen geben, was ihm, wie Franziskus jeweils hinzufügt, genommen wurde und darum auch rechtens gehört.

Der Priester und auf ihre Weise alle, die im kirchlichen Dienst stehen, müssen sich als solche verstehen lernen, die das Allermitteilsamste Gottes selbst empfangen und feiern, als solche, die das Allermitteilsamste Gottes

---

[2] Ich kann im Moment das Zitat nicht belegen.

auch andern zur Erfahrung bringen und zum grossen gemeinsamen Fest werden lassen. Das genügt jedoch nicht. Sie müssen, jede und jeder in ihren Auftragsbereichen, das grosse Teilen einüben, weltweite Anteilnahme und universales Anteilgeben in Gang setzen: Der Priester, indem er die Eucharistie entsprechend feiert, der Prediger, indem er entsprechend verkündet, die Katechetin, indem sie diesen Glauben entsprechend vermittelt usw. Das setzt natürlich auch einen persönlichen Lebensstil voraus, in dem Einfachheit, Freigebigkeit, Gelöstheit von den Dingen, Verzicht aus dem Motiv der Solidarität heraus, prägend sind. Der Priester bzw. die Amtsträgerinnen und Amtsträger müssen ein Bewusstsein haben und in andern zu begründen suchen, Gottes geliebte Geschöpfe zu sein und darum nicht genug zu haben am eigenen Selbst, an der eigenen Familie, am Heimatland, an der eigenen Kultur. Wir müssen in Fühlen und Tun in die universale Tischgemeinschaft hineinwachsen, die Gott will. Das bedeutet, dass das, was in der Eucharistie gefeiert wird, eingeht in alle anderen Aktivitäten der Pfarrei (Vereine, Aktionen, Initiativen, Lebensformen ...). Eucharistie ist erst dann eine Wirklichkeit, wenn sie nicht nur eine Stunde oder den Sonntag, sondern den Alltag, alle Lebensvollzüge und alle sozialen Beziehungen durchdringt.

Die Pfarrei ist der Ort, wo dies geschieht. Ein überschaubarer Ort, an dem alle das Allermitteilsamste Gottes miteinander teilen. Das muss dazu führen, dass man auch die Güter der Welt miteinander und mit der ganzen Welt teilt. An diesem Ort soll bewusst eingeübt werden, dass die Güter der Welt allen gehören. Wir dürfen uns nicht als Besitzer und Eigentümer dieser Güter verstehen, als Wohlhabende auf Kosten der Nichtshabenden.

Es muss unsere Absicht sein, dass alle Welt, die ganze Schöpfung eine einzige Tischgemeinschaft wird.

6.3 Gerufen

Für den Rat des Gehorsams habe ich folgende These formuliert:
„Die kirchliche Sendung, die Aufgabe der Amtsträger und Amtsträgerinnen, besteht darin, an einem überschaubaren Ort das Du Gottes zu feiern und seine Stimme zu vernehmen und von daher eine grundsätzliche Hörfähigkeit und das Aufeinanderhören einzuüben. Das Hören auf das Wort Gottes ist erst dort realisiert, wo man nicht nur miteinander auf Gott, sondern auch aufeinander und auf alles und jedes hört.“

Auch der Begriff ‘Gehorsam’ darf nicht mehr naiv verwendet werden, gleichsam als hätte es Auschwitz und die DDR nicht gegeben. Immer wieder beruft man sich bei Strafprozessen darauf, dass man ja schliesslich bloss das ausgeführt habe, was befohlen worden sei. Verantwortungslosigkeit im Namen des Gehorsams! Auch wir werden einst nicht gefragt, ob wir das durchgeführt haben, was uns ein Papst, ein Bischof, ein Priester oder Ordensoberer befohlen hat. Gehorsam im biblischen Sinn hat nichts mit dieser ‘billig’-dummen Untertänigkeit zu tun, mit der viele ihren Willen unkritisch dem Willen eines anderen unterordnen und das dann auch noch als geistliches Verhalten ausgeben.

Was damit gemeint ist, hängt wiederum mit der Frage zusammen, wer wir Menschen letztlich vor Gott sind: Wir sind nicht nur als Geschöpfe vorhanden, sondern darüber hinaus auch gerufen. Wir sind als einzelne und als Kirche hörend auf Gott verwiesen, nur als Gehorsame wirklich die, als die uns Gott gedacht hat. Wir sind - oder sollen es sein - ganz Ohr für Gott. Es geht letztlich darum, dass wir als einzelne unsere Namen hören - wie Samuel damals; dass wir als Kirche insgesamt hörend auf das Geheimnis Gottes verwiesen sind - so wie das Volk Israel heute noch mit dem dreifachen 'Schma Israel'; wir sind solche, die aus den vielen Stimmen, die uns entgegenkommen, die Stimme des Guten Hirten herausfiltrieren können und sollen (Joh 10, 4); wir sind dazu gerufen, Gottes Willen zu erkennen und sein Wort aufzunehmen. Wir sind Gerufene, Berufene, Antwortgebende, Verantwortliche, in ein dialogisches Verhältnis zu Gott Eingebundene.

Um das besser zu verstehen, ist es gut, auf Franziskus zu verweisen, der ganz offensichtlich zwei voneinander unterschiedene Ordnungen des Gehorsams kennt. In seinem 'Lied an die Tugenden' stellt er der Liebe eine Schwester zur Seite: den Gehorsam. Schon das scheint mir ausserordentlich bemerkenswert: Liebe wird durch Gehorsam, Gehorsam durch Liebe qualifiziert; beides gehört unauflöslich zusammen. Schon eine solche Sicht der Dinge lässt aufhorchen und stimmt nachdenklich. Dann aber zählt er der Reihe nach folgende Instanzen auf, denen man gehorsam sein muss und die ich hier auf meine Art wiedergeben möchte:

- Ich muss mir selbst gehorsam sein, der Stimme in mir, dem Gewissen, meiner Berufung, dem Heiligen Geist, der sich in mir regt. Auf diese Weise hat zum Beispiel der heilige Bernhardin von Siena dreimal das Bischofsamt ausgeschlagen, obwohl er jeweils vom Stadtparlament von Siena einstimmig gewählt und vom Papst ebenso entschieden ernannt worden war. Seine Berufung sei die eines Barfüssers und Predigers in der Gefolgschaft des heiligen Franz, und das sei unvereinbar mit dem Amt eines Bischofs.

- Ich muss dem Menschen gehorsam sein, der mir gerade jetzt begegnet, muss aufmerksam und achtsam für das sein, was dieses Kind, diese Frau, dieser Mann hier und jetzt von mir will.
- Ich muss der ganzen Menschheit gehorsam sein: den Fragen, die sie stellt, den Ängsten, die sie umtreibt, dem Ziel und den Verheissungen, die ihr gesetzt bzw. gegeben sind.
- Ich muss der ganzen Schöpfung - Franziskus sagt „den wilden Tieren, sofern es ihnen von oben gegeben ist" - gehorsam sein.

Es dürfte doch etwas überraschen, dass hier alle jene Gehorsamsinstanzen nicht genannt sind, die üblicherweise in diesem Zusammenhang aufgezählt werden. Vor allem aber wird das kritische Moment deutlich, das zu beachten ist: „Sofern es ihnen von oben gegeben ist". Da gibt es keinen Gehorsam, dem nicht das kritische Unterscheidungsvermögen vorausgegangen ist. Ich denke, dass das in gleicher Weise auch auf die 'kirchlichen' Instanzen zu übertragen ist, die Franziskus selbstverständlich auch kennt: auf die Gemeinschaft, der jemand angehört, ich würde sagen: auch auf die Pfarrei, in der man lebt; auf die Kirche in ihrer Tradition und Institution (auf den Papst zum Beispiel); auf die Heilige Schrift, auf Jesus Christus. In allem geht es letztlich um Gott. Gerade deshalb braucht es für all diese Instanzen das kritische Vermögen, das ein wesentliches Element des Gehorsams selbst ist. Was der Papst mit seinem Schreiben „ad tuendam fidem" (Zum Schutze der Wahrheit) fordert, nämlich die bedingungslose Annahme all dessen, was er zu glauben verlangt, ist eine verheerende Kompetenzüberschreitung, die eigentlich nicht mehr dem Glaubensverständnis entspricht, das wir unterdessen gewonnen haben. Auch gegenüber sich selbst muss man diese kritische Einstellung haben, um nicht einem Wahn oder einer Illusion zu verfallen. Deshalb wollte Teresa von Avila einen gescheiten und nicht einen bloss frommen Beichtvater. Sie wollte eine kritische Gegenstimme haben.

Wichtig aber ist, dass bei Franziskus nicht in erster Linie die vertikale Linie gesehen wird, sondern vor allem die horizontale. Der Gehorsam gegenüber einem Obern (vertikaler Gehorsam) ist eingebettet in eine konsequente Geschwisterlichkeit (horizontaler Gehorsam). Auch der Obere muss seinem Untergebenen gehorsam sein. Es geht in jedem Fall darum, dass das Hören auf beiden Seiten zu einem Dauerzustand wird und alle zu einer steten Hellhörigkeit und Achtsamkeit finden, die in jedem Augenblick Gottes Wort zu vernehmen bereit ist.

In der Weiheliturgie werden die Neupriester gefragt, ob sie dem Bischof gegenüber Ehrfurcht und Gehorsam versprechen. Auf ihre bejahende Antwort sagt der Bischof: Gott möge das, was er begonnen hat, vollenden. Eigentlich würde man aber vom Bischof etwas anderes erwarten, nämlich: Auch ich verspreche Dir Ehrfurcht und Gehorsam! Auch der Bischof übernimmt doch eine Ehrfurchts- und Gehorsamspflicht gegenüber den Neupriestern. Gehorsam ist nach der spirituellen Tradition keine Einbahnstrasse. Gerade, wenn man biblisch die Knechtsreden Jesu und seinen unbedingten Willen zu dienen in Erwägung zieht, dann müsste - angefangen vom „Diener der Diener Gottes“ - auch von oben nach unten die gleiche Verpflichtung eingegangen werden.

Und aufgrund dieses „liebenden Gehorsams" (1 Petr 1, 22 Vulgata) kann dann die gegenseitige Beziehung transzendiert werden auf das hin, was Gott begonnen hat und was er dann auch vollenden wird. Ein solches Versprechen des Bischofs könnte dann auch noch etwas anderes zur Folge haben: dass sich der Bischof nicht von seinen Priestern, seinen Beratern, ja seinem Volk entfernt. Er wäre eingebettet, gehalten - und würde nicht in die unerträgliche Isolation gedrängt, unter der Bischöfe heute oft leiden. Sie wären dann nicht nur dem Wort nach Vertreter der Communio-Theologie, sondern auch faktisch. Ich möchte hier hinzufügen, dass ein Bischof sich nicht allzu schnell mit dem Hinweis begnügen dürfte, er würde so viele Stunden für Briefe, Beratungen, Visitationen aufbringen und damit unter Beweis stellen wollen, dass er Communio-Theologie faktisch lebt. Ob man das ist, was man sein will, entscheiden die Umgebung, die Räte, die Gemeinden.

So wie oben bei der Armut gilt es nun aber auch zu sagen, dass Gott der Allergehorsamste ist. Er ist nicht nur der Befehlende, der Rufende, sondern ebenso sehr der Hörende. Er hört den Schrei des geknechteten Volkes und steigt vom Himmel herab, um Freiheit zu bewirken (Gen 3, 7ff). Der befreiende Gott ist also, bevor er befreit, ein hörender Gott. Und die ganze Exodusgeschichte zeigt letztlich den Weg eines gehorsamen Gottes durch die Geschichte seines Volkes. Deswegen ist das ganze Alte Testament geprägt von einer anhaltenden Machtkritik gegenüber Königen und Hohenpriestern, gegenüber allen, die „über den anderen schwanken wollen" (Ri 9, 7ff). Auch neutestamentlich lässt sich das sagen: Jesus versteht sich als „Knecht Gottes", als einer der „durch Leiden Gehorsam lernt" (Hebr 5, 8), der „gehorsam ist bis zum Tode“ (Phil 2, 8) und so Befreiung und Erlösung bewirkt. An dieser Stelle muss auch nochmal an die totale Entäusserung und Selbstentmachtung Gottes in der Inkarnation erinnert werden. Seine Macht zeigt sich in der Ohnmacht des Kindes, des Mannes, der nichts hat, um darauf seinen Kopf zu betten, des Gekreuzigten, der von allen verlassen ist. Das ist ja gerade das revolutionäre Gottesbild, das Jesus bezeugt: nicht einer, der seine Macht ausspielt, sondern einer, der nur noch dient.

Von hier her muss sich kirchliches Amt verstehen. Ich glaube nicht, dass wir das in der Kirche auch nur im Ansatz begriffen haben. Das zeigt sich unter anderem schon an der Tatsache, dass die Amtskirche keine Kritik erträgt bzw. zulässt. Aber gerade die Selbstentmachtung, die Humilitas Dei, ist es doch, was wir in der Eucharistie feiern. Wie kann man sich dann noch über andere setzen oder gar sich und das, was man für die Wahrheit hält, mit Mitteln der Macht durchsetzen?

Die Pfarrei ist also der überschaubare Ort, an dem ein Gott gefeiert wird, der in Jesus Christus alle Macht vernichtet hat und nur noch mit seinem verströmenden Leben aufwartet. Alle Mitglieder einer Pfarrei wollen sich ganz und gar leer machen für dieses Geheimnis der Selbstentmachtung Gottes. Auf dieses Ereignis wollen sie hören und auf alles, was mit diesem Gott zu tun hat. Diesen auf Gott bezogenen Gehorsam wollen sie einüben, aber auch den Gehorsam, der sich auf alle anderen Instanzen bezieht, in denen sich Gott vermittelt. Hier wird das Hören gelernt - und der kirchliche Auftrag, die Aufgabe des Priesters vor allem ist es, mit dem Hören vorauszugehen, ‘den Gehorsam zu verwalten’, könnte Franziskus sagen. Nicht von ungefähr hat *Heinrich Schürmann* (1979) bereits vor Jahrzehnten die priesterliche Spiritualität von den Knechtsgleichnissen des Neuen Testamentes abgeleitet. Das liegt übrigens auf der gleichen Linie wie Maria, die als „Magd des Herrn“ (Lk 1, 38) Jesus Christus gebiert. Ich kann darum nicht verstehen, warum ein Gebetstext des Opus Dei für Männer und Frauen eine je unterschiedliche marianische Anrede gebraucht: Für Männer: ‘Sitz der Weisheit’; für Frauen: ‘Magd des Herrn’. Wer solche Unterschiede herausstellt, befindet sich in einer Schieflage. Kann es sein, dass es dieser Einfluss ist, der die Herrenmentalität wieder neu zum System werden lässt? Das ist im übrigen auch der Grund, warum es falsch ist, zuerst das Diakonat der Frau anstreben zu wollen und erst nachher eventuell auch das Priesteramt der Frau. Denn damit würde die Frau gerade auf ihre dienende Rolle gegenüber dem Mann festgenagelt, der Mann aber bleibt weiterhin der ‘Herr’, der die Weisheit für sich gepachtet hat.

Nochmals: Der Priester muss im Gehorsam vorangehen: auf Gott hören in Gebet, Meditation und Schriftlesung; auf Jesus und seinen Ruf hören und ihm folgen zu den Kleinen und Schwachen, den Armen und den Opfern der Mächtigen; auf die Menschen hören, mit denen er es zu tun hat; auf die Zeichen der Zeit hören, die sich gerade jetzt aufdrängen; hineinhören in die gesamte Kirche - und das immer mit der Gabe der Unterscheidung der Geister verbunden, also mit kritischem Verstand. Aber auch alle anderen in der Pfarrei müssen dieses Gehör schulen. Sie wird so zu einem Ort, an dem die Menschen für Gott durchlässig werden und wo darum das Reich Gottes, die befreite und die erlöste Gesellschaft entsteht, eine Gesellschaft, die angstfrei ist, weil niemand mehr die Macht über andere hat.

Es ist leider immer noch nicht zur prägenden Einsicht des kirchlichen Amtsträgers geworden, dass die Aufforderung zur Demut bzw. zur Humilitas zuerst ihm gilt. Er muss es Christus gleichmachen und sich zu den Füssen der Jünger herunterbeugen (Joh 13), die niederste der Ebenen aufsuchen, um den Menschen von unten her zu dienen (Phil 2). Das gilt umso mehr, je höher jemand die Leiter der Hierarchie hinaufklettert. Aber gerade da kann man leider Gottes erkennen, wie sehr die Worte zur reinen Worthülse werden. Was heisst das schon, wenn der Papst sagt, er sei 'der Diener der Diener Gottes'?

Diese Gehorsamsauffassung enthält die stärkste Kritik am gesellschaftlichen Verhalten der Mächtigen und stellt eine alternative Gesellschaft her. Was wäre das für eine hoffnungsvolle Optik, die wir uns als Priester und kirchliche Amtsträger und Amtsträgerinnen zu eigen machen könnten?

6.4 Geliebt

Hier meine vierte These:
„Die kirchliche Sendung, die Aufgabe der Amtsträger und Amtsträgerinnen, besteht darin, an einem überschaubaren Ort die allem vorausgehende Liebe Gottes zu feiern und erfahrbar zu machen und von daher einander den heiligen Kuss (1 Kor 16, 20) zu geben und den universalen Liebesbund einzuüben. Das Fest der Liebe Gottes ist erst dort realisiert, wo man die Liebe Gottes nicht nur für sich selbst empfängt, sondern alle Geschöpfe in die Umarmung Gottes einbezieht.“

Wir sind, ich wiederhole es, nicht nur Geschöpfe, die bloss vorhanden sind. Wir sind darüber hinaus Personen, die ein Bewusstsein haben und die sich deshalb als Gerufene und Antwortende erfahren und verstehen dürfen. Aber auch das wird nochmals überboten: Wir sind nicht nur Knechte und Mägde, für die das eben Gesagte auch gilt, sondern darüber hinaus auch von Gott geliebte Wesen, Freunde (Joh 15, 15). Dies ist nun, wie ich meine, mit dem *dritten* evangelischen Rat gemeint.

Ich bleibe bei dem etwas altertümlich klingenden Begriff 'Jungfräulichkeit', muss aber bitten, wenigstens für Augenblicke den patriarchalen gesellschaftlichen Rahmen zu akzeptieren, in dem er seinen Ort hat. Eine Jungfrau ist unter dieser Voraussetzung die junge Frau, welche sich durch den erwarteten Mann definiert, durch die Sehnsucht, mit der sie ihn liebend herbeisehnt. Dies wird nun zur Metapher für den biblischen Menschen, der sich vom zukünftigen 'Bräutigam', das heisst vom liebenden Christus her, definiert. Das Gleichnis von den fünf klugen und den fünf blöden Jungfrauen (Mt 25, 1-13) illustriert das auf einzigartige Weise. Gemeint ist die Wachheit, Sehnsucht, Bereitschaft, mit der die einzelnen Christen und die Kirche als ganze der Wiederkunft Christi entgegenharren, wo dann - endlich! - die 'unio mystica', die mystische Liebeshochzeit von Gott und Mensch stattfindet.

Gegenüber diesem liebenden Ausschauhalten auf die endzeitliche Vereinigung mit Gott gibt es aber einen zweiten Bezugspunkt: die Jungfrau Maria, die die Ankunft des Geliebten bereits innerhalb der Geschichte feiern darf. An diesem Punkt bekommt aber die Metapher 'Jungfrau' eine neue Dimension, nämlich die der Gottesgeburt. Die Jungfrau wird so zur Gottesmutter, etwas, was in der späteren geistlichen Tradition von jedem Menschen ausgesagt ist. *Franz von Assisi* betont zuerst den ersten Aspekt: Wir sind „Anverlobte (sponsi!), Brüder und Mütter unseres Herrn Jesus Christus (Mt 12, 50). Anverlobte sind wir, wenn die gläubige Seele durch den Heiligen Geist mit Jesus Christus verbunden wird.“ Er fährt dann fort: „Brüder sind wir ja, wenn wir den Willen seines Vaters tun, der im Himmel ist“ (Mt 12, 50). Und jetzt kommt der entscheidende, ungeheuerliche Satz: „Mütter sind wir, wenn wir ihn durch die Liebe und ein reines und lauteres Gewissen in unserem Herzen tragen (1 Kor 6, 20); wir gebären ihn durch ein heiliges Wirken, das anderen als Vorbild leuchten soll” (Mt 5, 16). Und dann bricht Franziskus aus in die ekstatischen Sätze: „O, einen so glorreichen und heiligen und grossen Vater im Himmel zu haben! O, einen so heiligen und hilfreichen, schönen und bewunderswerten Bräutigam zu haben! O, einen so heiligen und so lieben, wohlgefälligen, demütigen, Frieden stiftenden, liebenswürdigen und liebevollen und über alles zu ersehnenden Bruder und Sohn zu haben ...“ (Brief an die Gläubigen II, o. J., 50-56). Noch deutlicher formuliert *Meister Eckhart* die Gottesgeburt in der Seele: „Und es gebiert der Vater seinen Sohn in der Seele in derselben Weise, wie er ihn in der Ewigkeit gebiert und nicht anders ...“[3]. Welche Perspektive ist das doch: Wir sind nicht nur Kinder Gottes! Das ist ja schon schön genug! Es gibt aber noch Schöneres: Gott ist auch unser Kind!

Die Rede von der Jungfrau ist einzubetten in eine lange Geschichte. Schon das Alte Testament sah in der erotischen Liebe zwischen Mann und Frau das Gleichnis für die Liebesbeziehung zwischen Gott und seinem Volk. Das ist ja der Grund, warum das zunächst bloss erotische

---

[3] Leider kann ich das Zitat nicht belegen.

'Hohelied der Liebe' in den Kanon der Heiligen Schriften aufgenommen wurde und auch heute noch in der höchsten jüdischen Festzeit (Pessach) zur Vorlesung gelangt. Und die prophetische Literatur ist voll vom ergreifenden Liebeswerben Gottes. Man muss nur einmal das Sensorium entwickeln für diese metaphorische Sprache, um vor einen faszinierenden Horizont zu gelangen. Auch das Neue Testament steht in dieser Tradition. So erzählt Jesus die Geschichte vom König, der seinem Sohn die Hochzeit bereitet (Mt 22, 1-14). Was gemeint ist, ist unverkennbar: Die Stunde der Hochzeit ist gekommen, die "unio mystica" zwischen dem Sohn Gottes und seinem Volk steht bevor. Aber auch die Hochzeit von Kana (Joh 2, 1-12) hat diesen Gehalt: die Hochzeit zweier Menschen wird plötzlich zur Hoch-Zeit Gottes: Die überfliessende Liebesfülle Gottes ergiesst sich in die Hochzeitsgesellschaft: noch sechshundert Liter besten Weines, nachdem alle schon weinselig sind; sie sollen liebestrunken werden. Bleibt noch zu erwähnen, dass die Deutung der Ehe, die wir dem Epheserbrief (5, 30ff) entnehmen können, in dieser Tradition steht: Die Ehe ist ein 'Geheimnis', das sich auf Jesus und die Kirche bezieht.

Diese Liebesmystik durchwaltet die ganze abendländische Tradition und findet in der sogenannten Brautmystik ihren Höhepunkt. Nicht nur Frauen sind es, die auf diese Weise ihr Frausein neu verstehen lernen, nein, erstaunlicherweise auch, ja sogar früher als die Frauen, die Männer: Rupert von Deutz, Bernhard von Clairvaux, Hermann-Josef aus der Eifel, auch Franz von Assisi, wie wir oben gesehen haben. Dann aber sozusagen alle grossen Frauengestalten des Mittelalters: Hildegard von Bingen, Gertrud von Helfta, Klara von Assisi ... Sie alle feiern ihre Intimität mit Gott im Bild von Braut und Bräutigam, alle wissen und verstehen sich als ‘Jungfrau’, die sich von Jesus bzw. Gott geliebt weiss, die entweder noch nicht oder schon mit ihm vereint ist.

Interessant ist, dass in der Geschichte der Lieblingsjünger Johannes dezidiert als ‘virgo’ (Jungfrau) herausgestellt wurde. Man lese nur einmal den grossartigen Hymnus des Notker von St. Gallen (*Rotzetter*, 1996b, 102f) oder lasse eines der Kunstwerke aus der Sponsus-Sponsa-Gruppe (*Lang*, 1994) auf sich wirken, zu der auch die sogenannte Johannesminne im Kloster Heiligkreuztal gehört: Johannes lehnt sich - mit eindeutig weiblichen Zügen übrigens - an die Brust Jesu zurück, anheimgegeben, liebestrunken, glückselig, mit geschlossenen Augen. Hildegard von Bingen wird geradezu ‘schwanger’ im Anschauen dieses Bildes:

„Johannes evangelista,
ich bin mit dir entschlafen
in herzeclicher liebe uf den brusten Jesu Christi,
und danen da han ich so erhaftigu
wunder gesehen und vernomen, das min lichname
ist dikke von im selber komen.“
(zit. bei *Goes*, 1990, 24)

Diese Bildrede von der intimen Liebe zwischen Christ und Jesus, Kirche und Christus ist nochmals zu hinterfragen. Sie führt die Rede vom ‘Mysterium tremendum et fascinosum‘ (Geheimnis, das erzittern lässt und anzieht) bzw. vom doppelten Gesicht Jesu ad absurdum. Die Bibel zeigt uns von A bis Z einen liebenden Gott. Wenn er Richter ist, dann ist er es aus Liebe. Seine Gerechtigkeit ist nicht die Konkurrenz zu seiner Liebe, sondern ein Ausdruck der Liebe Gottes. Schon der Name, mit dem sich Gott zu erkennen gibt, weist darauf hin: Jahwe - „Ich bin der 'Ich-bin-da'" (Ex 3, 14). Das ist der Kern der Offenbarung: Gott - das ist gleichbedeutend mit liebender Gegenwart, Zuwendung, Beziehung, bedingungsloser Nähe. Darin besteht eigentlich bereits die ganze Offenbarung. Alles andere ist Exegese, Illustration, Aus-Legung. Wir täten gut daran, dies einzusehen. Was sonst noch zu sagen ist, bezieht sich darauf; und wenn es sich nicht darauf beziehen kann, ist es bedeutungslos.

Das Alte Testament
- erzählt in den historischen Büchern, wie sich diese liebende Gegenwart Gottes befreiend, tröstend, helfend, weiterführend auswirkt;
- zeigt in den prophetischen Büchern, wie dieser bedingungslosen liebenden Gegenwart Gottes die bräutliche Gegenliebe entsprechen muss;
- erfleht und feiert in den Psalmen die liebende Gegenwart Gottes, ohne die das Leben triste, hoffnungslos bleiben müsste.

Auch das Neue Testament ist diesem Thema verpflichtet:
- Das Markusevangelium formuliert die liebende Gegenwart Gottes an einem Ort, an dem nichts mehr auf Gott hinweist, in der Stunde, in der sich der Himmel verfinstert und Christus tot am Kreuz hängt (Mk 15, 39).
- Das Matthäusevangelium zeigt, wie der liebende Gott sich als Emanuel zeigt: Er ist liebend gegenwärtig im Kind (Mt 1, 23), er bleibt liebend gegenwärtig in den Worten, die Jesus sagt, in den Taten, die er tut, im Leben, das er lebt und im Tod, den er stirbt; er wird aber auch als Auferstandener liebend gegenwärtig bleiben

bis ans Ende der Welt (Mt 18, 28); und er wird sich jedesmal als liebende Gegenwart in Erfahrung bringen, wenn sich zwei oder drei in seinem Namen versammeln (Mt 18, 20).

- Das Lukasevangelium aktualisiert den Jahwenamen im Gruss Gabriels an Maria: „Der Herr ist mit dir“ (Lk 1, 28). Die Exegese sagt, dass dieses Wort nicht nur Maria persönlich meint, sondern sie als Ur-Kirche, eine Theologie, die später konsequent ausgestaltet werden wird. Franziskus zum Beispiel sagt in seinem ‘Lied an Maria’: „Gegrüsst seist Du, Jungfrau Maria, zur Kirche geworden ...“ Durch Maria nimmt die liebende Gegenwart Gottes Fleisch an, wird personhaft gegenwärtig in ihrem Sohn Jesus. Nicht von ungefähr wird also dieser Gruss zur mehrfachen Standardzusage in der Eucharistiefeier. Und die erste Hälfte des GegrüsstseistduMaria, die Zusammenstellung der Grussformeln Gabriels und Elisabeths, wird ab dem dritten Jahrhundert zum Responsorium vor der Verkündigung des Evangeliums bzw. Deutetext zur Gabenbereitung oder zur Kommunion. Immer wieder wird deutlich: Hier aktualisiert sich die liebende Gegenwart Gottes auf eine nicht mehr zu überbietende Weise. Und hier zeigt sich letztlich, was die Aufgabe des Priesters ist: Er muss in der Eucharistiefeier und überhaupt im ganzen Pfarrgebiet immer wieder die liebende Gegenwart Gottes im auferstandenen Jesus ‘realisieren’.
- Das Johannesevangelium bezeugt die liebende Gegenwart Gottes im fleischgewordenen Wort, das Wohnen Gottes inmitten der Menschen, die Herrlichkeit Gottes, die auf dem Antlitz Jesu erschaut wird „voll Gnade und Wahrheit“ (Joh 1, 14), die Fülle der Liebe Gottes, die wir empfangen „Gnade über Gnade“ (Joh 1, 16). Und

dann das souveräne „Ich bin es“ Jesu, das nichts anderes ist als eine Konkretisierung des „Ich bin der ‘Ich bin da’“, das in die Knie zwingt (Joh 18, 5f). Diese liebende Gegenwart Gottes schenkt alles, was der Mensch braucht. Die ‘Ich-bin-Worte’ Jesu fächern die liebende Gegenwart Gottes auf in sämtliche Bedürfnisse, die der Mensch hat. Johannes treibt zudem auf die Spitze, was alle anderen Evangelisten auch erzählen: die bedingungslose und voraussetzungslose Liebe zu den Menschen, den Sündern, die wir sind. Die Liebe Gottes geht bis zum Äussersten, zum Letzten, was überhaupt noch möglich ist, bis zum Tod (Joh 13, 1ff). Der Tod Jesu am Kreuz ist die vollendete Verausgabung der Liebe Gottes für die Welt, die totale Hingabe, die Auferstehung und Leben für die ganze Menschheit bedeutet. In seinen Briefen entfaltet Johannes diesen Gedanken weiter: „Wir wissen, dass wir hinübergegangen sind vom Tod ins Leben, weil wir einander lieben. Wer nicht liebt, bleibt im Tod“ (1 Joh 3, 14). Die Liebe ist der Tod des Todes. Aber diese Liebe verdankt sich einer anderen, viel grösseren Liebe, die unserer Liebe immer vorausgeht: die Liebe, die sich in der Hingabe Jesu zeigt (1 Joh 3, 16).

Paulus baut seine ganze Theologie auf dieses Fundament: Die Liebe, die sich zeigt in der verströmenden Liebeshingabe Jesu Christi am Kreuz. Uns bleibt nur eines: uns fallen zu lassen in diese vorausgehende, vorausgesetzte Liebe Gottes hinein. Aber dann kann uns nichts mehr von dieser Liebe trennen. „Was kann uns scheiden von der Liebe Christi? Bedrängnis oder Not oder Verfolgung, Hunger oder Kälte, Gefahr oder Schwert? In der Schrift steht: Um deinetwillen sind wir den ganzen Tag dem Tod ausgesetzt; wir werden behandelt wie Schafe, die man zum Schlachten bestimmt hat. Doch all das überwinden wir durch den, der uns geliebt hat. Denn ich bin gewiss: Weder Tod noch Leben, weder Engel noch Mächte, weder Gegenwärtiges noch Zukünftiges, weder Gewalten der Höhe oder Tiefe noch irgendeine andere Kreatur können uns scheiden von der Liebe Gottes, die in Christus Jesus ist, unserem Herrn“ (Röm 8, 35-38).

Ich habe bereits mehrfach gesagt, dass aus der Liebeshingabe Jesu am Kreuz ein neues Beziehungsgeflecht entsteht, das wir Kirche nennen. Kirche ist darum als 'Liebesbund' zu begreifen. Kirche und Liebe - das waren ursprünglich Synonyme. Wie weit entfernt davon sind wir unterdessen, lieber Bischof Amédée. Ihr Name muss Sie doch aufwühlen angesichts der Situation, in die sich die Kirche selbst gebracht hat - für die nicht zuletzt auch die Amtskirche verantwortlich zu machen ist.

Denn die Amtskirche, der Papst, der Bischof, der Priester und auf ihre Weise jeder und jede, die im kirchlichen Dienst stehen, haben sich als solche zu verstehen, die 'jungfräulich' auf diese Liebe verwiesen sind. Sie sind die 'Sponsi' Gottes, die Freunde und Freundinnen, die Geliebten. Anders als so können wir uns nach der Hochzeit Gottes in der Menschwerdung seines Sohnes nicht mehr definieren. Vielleicht darf ich an dieser Stelle an den grossen Papstroman des *Ramon Llull* (1232-1305) erinnern. 'Blaquerna', so heisst der Roman und auch der Mann, der nach und nach alle denkbaren Sprossen der weltlichen und kirchlichen Hierarchie erklimmt und dann Papst wird. Auf der Höhe seiner Macht hat er eine Vision, die ihm eine neue Sendung zuspricht: er soll als Papst zurücktreten und nur noch die 'Berufung zur Liebe' leben. Er tut es unter dem grossen Widerstand der Kurie und schreibt dann das „Buch vom Freund und vom Geliebten“ (Ausg. 1988), eine Perle übrigens der abendländischen Mystik, für jeden Tag ein Spruch zu dieser gegenseitigen Liebe. Was mich aber etwas konsterniert an diesem Buch ist die Tatsache, dass der Papst zurücktreten muss, um diese Berufung zur Liebe zu leben. Kann, ja muss denn nicht beides zusammenfallen: das Amt und die Liebe? Muss man es nicht so sagen: das Amt ist gerade diese 'Berufung zur Liebe'? Wenn ja, dann muss aber die Amtsführung anders aussehen als das, was wir gewöhnlich erleben.

Als Geliebte stehen wir letztlich im Dienst des lebendigen Gottes. Er hat keine anderen Hände als die unseren. Durch uns will er das Ziel verwirklichen, das Gott der Geschichte gesetzt hat. „Gott will Mitliebende!“ - so hat es Duns Skotus, der grosse Franziskanertheologe, einmal gesagt. Es soll ein Reich entstehen, in dem niemand mehr Angst zu haben braucht und alle in Gerechtigkeit und Liebe miteinander verbunden sind. Gott will einen universalen Liebesbund, von dem niemand ausgeschlossen ist. Dafür zu leben und zu sterben macht Sinn. Dazu ist die Kirche da. Sie ist in keiner Weise überflüssig, weil sie eben nicht nur die religiöse Sehnsucht und ihre vielen Ausdrucksformen verkörpert. Dazu braucht es Kirche eigentlich nicht oder nur nebenher. *Kirche braucht es vor allem deswegen, weil wir die individuellen und isolierten religiösen Wege der Menschen übersteigen müssen.* Es geht um die Erfüllung des Ganzen, um die Gestaltung der Schöpfung, um das Ziel der Geschichte. *Gerhard Lohfink* (1998)hat mit einer faszinierenden Darstellung des Heilsplanes Gottes erneut aufmerksam gemacht. Ich denke, dass dieses Buch in die

Hände eines jeden Bischofs, Priesters und auch jedes Laien gehört, der im kirchlichen Dienst steht.

Der Ort, an dem sich diese Vision verwirklicht, ist wiederum die Pfarrei. Was nützt es, wenn wir sagen: „Seid umschlungen Millionen!“, und wenn wir niemanden in die Arme nehmen. Nicht von ungefähr ist der Mundkuss, das „osculum pacis“(1 Kor 16, 20) (der Friedenskuss), eine urkirchliche Selbstverständlichkeit. Aus der Erfahrung der Liebe Gottes muss Nähe unter den Menschen entstehen, eine Familie, die diesen Namen auch verdient. Hier müssen dichte Beziehungen, Freundschaften, Teams entstehen, eine einzige Kommunion, in die alle einbezogen sind.

Welche Optik! Es lohnt sich, dass alle Kräfte sich zusammenfinden, um diese universale Vernetzung der Liebe an konkreten Orten einzuüben und zu feiern. Eine andere Hoffnung als diese können wir in dieser Welt nicht haben.

6.5 Eucharistie

Lieber Bischof Amédée

Ich hoffe, dass Sie aus allem, was ich in diesem und in den andern Kapiteln gesagt habe, herausspüren, welche Bedeutung die Eucharistie für mich hat und infolgedessen auch das Amt, das primär die Aufgabe hat, dieses Geheimnis der bleibenden Gegenwart der Liebe Gottes unter uns Menschen sichtbar und erfahrbar zu machen.

Ich lade Sie ein, mit mir die Struktur der Eucharistie durchzugehen und in ihr die Struktur der Evangelischen Räte zu erblicken.

Da ist einmal der Teil, in dem sich die Gemeinde in die Gegenwart des Auferstandenen sammelt. Hier gilt es, meine ich, sich sowohl als einzelne wie auch als Gemeinde in der ganzen Armut vor Gott hinzustellen: als solche, die sich bewusst machen müssen, alles zu empfangen und nichts verdient zu haben; als solche, die mit Seele und Geist ganz da sind, vor dem, der seinerseits vorbehaltlos da ist; als solche, die das Gute, das in ihnen ist, auf Gott zurückführen, und das Böse, das sie erleben oder selbst hervorgebracht haben, in den Abgrund der barmherzigen Liebe Gottes werfen; als solche, die wissen, dass es die menschliche Kraft nur gibt, wenn sich Gott selbst in seiner Kraft mitteilt; als solche, die untereinander und mit allen Geschöpfen solidarisch sind in der Gnade und im Versagen; als solche aber auch, die sich gewiss sind, dass Gottes Liebe und Treue uns immer wieder neu zu sich erhebt und dass wir darum besingen dürfen die „Sonne der Sonnen, den Abglanz des Vaters, die mütterliche Glut und das Feuer vom Feuer ..., das Licht hinter allen Lichtern, die Strahlung, die alles durchdringt, ... Christus in der Einheit des Geistes, Gott in alle Ewigkeit" (*Rotzetter*, 1998a, 99). Dieser ekstatisch-mystische Ausbruch aus der Geschöpflichkeit heraus in das Christusereignis hinein kommt im sogenannten Gloria zum Ausdruck, an das sich der eben zitierte Text anlehnt. Welch lohnende Aufgabe ist es doch, diesen Weg als 'guter Hirt' voranzugehen und mit allen Fähigkeiten, zusammen mit einer Gemeinde zu zelebrieren, ihn in der Messe feiernd und kraftvoll ins Bewusstsein zu heben, ihn aber dann auch in allen Bereichen des Alltags zu gehen - allein und mit andern.

Der zweite Teil der Messe, der Wortgottesdienst, führt uns einen Schritt weiter in die mystische Logik des Christseins hinein: Wir sind Gerufene, Angesprochene, Gemeinte. Im gemeinsamen und im intensiven Hören auf das Wort Gottes werden wir zu solchen, die sich als Gehorsame verstehen und so zur Familie Gottes werden: zu Schwestern, Brüdern, Müttern Jesu, weil ihnen nur noch der Wille Gottes gemeinsam ist (Mt 12, 49f). Hier - im aufmerksamen Hören und mit aller Achtsamkeit übersteigen wir die allzu engen Grenzen, in denen wir uns gewöhnlich verstehen: das Ich, die Familie, das Dorf, die Nation ... Hier entdecken wir die gemeinsame christliche Lebensform, den Deutehorizont, vor dem sich unser Leben abspielt, die gemeinsame Sprache, die uns zusammenhält. Hier - angesichts des Wortes Gottes - lernen wir, richtige Fragen zu stellen; hier lassen wir uns auf einen gemeinsamen Lernprozess ein; hier betrachten wir gemeinsam im Licht des Wortes Gottes unsere Probleme und Konflikte; hier können wir froh werden und frei, weil uns das Wort Gottes der Absurdität des Lebens entreisst; hier wird der letzte Sinn offenbar, der uns von der Verzweiflung rettet. Hier lernen wir, uns vor Gott neu zu verstehen. Welch lohnende Aufgabe für den Prediger, die Predigerin, einen solchen Ort des gemeinsamen Hörens zu gestalten und sich in den Dienst des Wortes Gottes zu stellen. Vielleicht darf ich hier auch darauf aufmerksam machen, dass das Johannesevangelium davon ausgeht, dass die Schafe dem 'guten' Hirten schon folgen, dem 'schlechten' aber nicht: „Die Schafe hören auf seine Stimme; er ruft die Schafe, die ihm gehören, einzeln beim Namen und führt sie hinaus. Wenn er alle seine Schafe hinausgetrieben hat, geht er ihnen voraus, und die Schafe folgen ihm; denn sie kennen seine Stimme. Einem Fremden aber werden sie nicht folgen, sondern sie werden vor ihm fliehen, weil sie die Stimme des Fremden nicht kennen" (Joh 10, 3-5). Daraus ist doch die Zuversicht abzuleiten, dass das Evangelium, sofern es wirklich verkündet wird, seine Gefolgschaft selber sicherstellt. Auf der anderen Seite muss man sich fragen, ob der 'davonlaufende Erfolg', die leeren Kirchen nicht ein Hinweis darauf sind, dass die 'Diener des Wortes' Fremde geworden sind, dass sich 'die Pastoren' dem 'guten Hirten' entfremdet haben. Auf der anderen Seite nochmals: Welche Aufgabe ist es doch, dem 'guten Hirten' die eigene Stimme zu leihen und die frohe Botschaft erlebbar zu machen. Wenn diese Aufgabe aber so weit definiert wird, wie ich es hier tue, ergibt sich von selbst, dass es noch andere Formen geben muss als die 'monokratische Predigt', das Monopol des Priesters: etwa einander ergänzende Zeugnisformen, Gespräche, Schweigen ... Nochmals wird deutlich, dass so strenge Vorgaben für die Predigt, wie sie die mehrfach zitierte Instruktion über die Mitarbeit der Laien erlässt, das hier angestrebte Ziel einer wirklich dialogischen, kommunikativen Lerngemeinschaft im Hören auf das Wort Gottes eher behindert als fördert. Welche Kraft könnte von solchen Gemeinden ausgehen, die durchlässig geworden sind für den Willen Gottes!

Schliesslich der dritte Teil, der alles bisher Gesagte überbietet. In der Kommunion lernen wir uns als solche verstehen, die sich völlig aus der Hand geben; die sich in die Liebe Gottes hineinfallen lassen; die sich in das Herz Gottes hineinbergen; die sich durch die Hingabe Gottes, die Liebesekstase Gottes überfluten lassen; die unter dem Kreuz stehen und vom „Blut und Wasser" leben, die aus dem Herzen Jesu strömen (Joh 19, 34) und die so auf ganz neue Weise zu lieben vermögen, eine neue Kommunion leben, in der alle Schwestern und Brüder sind, nicht nur die, die gerade da sind, sondern alle Menschen, die in der weiten Welt sind. Hier ist der Ort, an dem aus der erfahrenen Intimität Gottes eine neue Intimität der Menschen erwächst, eben das „osculum pacis“, der Friedenskuss (1 Kor 16, 20), die Umarmung, gesuchte und gelebte Nähe. Welche Aufgabe ist das doch, als ‘guter Hirt’ diese Speise zu reichen und so eine neue Geschichte in Gang zu setzen. Wenn es eine Hoffnung für die Menschheit gibt, dann ist sie hier mit Händen zu fassen!

Lieber Bischof Amédée

Ich bin Ihnen dankbar, dass Sie sich als Bischof von Chur zur Verfügung gestellt haben. Ich bin überzeugt, dass Ihr Name Verheissung ist. Sie werden die Liebe zu Gott als Liebe zu den Menschen erfahrbar machen. Und durch Sie, dafür bete ich, wird die faszinierende Dynamik, welche in den Evangelischen Räten aufleuchtet, an den vielen überschaubaren Orten, in den Pfarreien Ihrer Diözese, und dann auch in der Verbundenheit aller Pfarreien Ihres Bistums untereinander, eine neue Chance bekommen. Und wenn es uns gemeinsam gelingt, diese mystische Logik zu leben, dann wird die ganze weltweite Kirche aufgebaut - als ein Zeichen, das die Hoffnung der Menschheit beflügelt.

Ich wünsche Ihnen alles, was in dem franziskanischen Gruss enthalten ist: Pace e Bene!

7. LITERATURVERZEICHNIS

Albrecht, C.: Das mystische Wort. Erleben und Sprechen in Versunkenheit. Dargestellt und herausgegben von H.A. Fischer-Barnicol. Mit einem Vorwort von K. Rahner. Mainz 1974

Bahro, R.: Logik der Rettung. Wer kann die Apokalypse aufhalten? Ein Versuch über die Grundlagen ökologischer Politik. Stuttgart 1987

Balthasar, H.U. von: Herrlichkeit. Eine theologische Ästhetik. I: Schau der Gestalt. Einsiedeln 1961

Bernhard von Clairvaux: Sämtliche Werke III. Innsbruck 1992

Bohnet, H.: Zeitgeist und Spiritualität - Analysen und Themen. In: http://kirche.kath.de/kfa/zgei03.htm (27. Feb 96)

Bonaventura: Collationes in hexaemeron - Das Sechstagewerk. Lateinisch und Deutsch, Coll I, 2. Darmstadt 1964

Bonaventura, Franziskus: Engel des sechsten Siegels. Franziskanische Quellenschriften 7. Werl/W. 1962

Csikszentmihalyi, M.: Das Flow-Erlebnis. Stuttgart 1985

Dinzelbacher, P.: Heilige und Hexen? Schicksale auffälliger Frauen im Mittelalter und Frühneuzeit. Zürich 1995

Dirschel, E.: Geist/Heiliger Geist. In: Waldenfels, H. (Hrsg.): Lexikon der Religionen. Begründet von Franz König. Freiburg, Basel, Wien 1988

Duden: Der Grosse. Herkunftswörterbuch Etymologie. Mannheim 1963

Evangelisches Gesangbuch (für Deutschland)

Franziskus von Assisi: Schriften. Franziskanische Quellenschriften 1. Werl/W. 1980

Goes, W.: Jesus und Johannes. Meditation zur Johannesminne in Heiligkreuztal. Heiligkreuztal 1990

Goleman, D.: Emotionale Intelligenz. München 1996

Hartmann, N.: Edith Stein. Sr. Teresia Benedicta a cruce (1891-1942) In: Rotzetter, A.: Seminar Spiritualität 2: Geist und Geistesgaben. Zürich,Einsiedeln,Köln 1980, 203ff

j.r.: Der grosse Sprung. In: Christ in der Gegenwart 49 (1997), 207

Johannes Paul II.: Gebet zum Zölibat. Kathpress Nr 241, S. 15 (04.12.92)

Johannes Paul II.: Instruktion zu einigen Fragen über die Mitarbeit der Laien am Dienst der Priester. Schweizerische Kirchenzeitung 166 (1997), 761-770

Jungclaussen, E.: Aufrichtige Erzählungen eines russischen Pilgers. Die vollständige Ausgabe. Freiburg 1974[4]

Koch, K.: In Verantwortung für unser Bistum. Pfingstbrief. Solothurn 1998

Lang, J.: Herzensanliegen. Die Mystik mittelalterlicher Christus-Johannes-Gruppen. Stuttgart 1994

Ley: Gottvergessenes Kino? In: Christ in der Gegenwart 49 (1997), 196

Lohfink, G.: Braucht Gott die Kirche? Freiburg 1998²

Loretan, A.: Laien im pastoralen Dienst. Ein Amt in der kirchlichen Gesetzgebung: Pastoralassisten/-assistentin - Pastoralreferent/ -referentin. Freiburg/Schw. 1994

Llull, R.: Buch vom Freund und vom Geliebten. Zürich 1988

Lunghi, E.: Die Franziskus-Kirche in Assisi. Antella 1996

Matt, L. von; Vicaire, M.H.: Dominikus. Zürich 1957

Muraro, L.: Vilemina und Mayfreda. Die Geschichte einer feministischen Häresie. Freiburg 1987

Oliger, P.L.: Epistola ad Conradum de Offida. In: Archivum Franciscanum Historicum (AFH) 11 (1918), 366-373

Paravicini Bagliani, A.: Der Leib des Papstes. Eine Theologie der Hinfälligkeit. München 1997

Petrus Damiani: Brief 108. In: Reindel, K. (Hrsg.): Die Briefe des Petrus Damiani. 3. Band. München 1989, 188-200

Pozzi, G.; Leonardi, C.: Scrittrici mistiche italiane. Genova 1996

Porete, Margareta: Der Spiegel der einfachen Seelen. Wege der Frauenmystik. Zürich 1987

Prophetische Kritik am kapitalistischen und marxistischen System aus franziskanischer Sicht: Lehrbrief 21, Missionszentrale Bonn 1997

Rotzetter, A.: Liturgische Spiritualität. In: Geist wird Leib. Theologische und anthropologische Voraussetzungen des geistlichen Lebens. Seminar Spiritualität 1. Zürich 1979, 97-111

Rotzetter, A.: Ägidius von Assisi. Die Weisheit des Einfachen. Zürich 1980

Rotzetter, A.: Die Gegenwart Gottes in der Welt und die Herrschaft der Kleriker. Ein ideologiekritischer Beitrag zum kirchlichen Amtsverständnis aus franziskanischer Sicht. In: Franziskanische Studien 63 (1981), 188-202

Rotzetter, A.: Gebet, Gebetshaltung und Meditationsmethoden. Anmerkungen zu den "neun Gebetshaltungen des hl. Dominikus" und zu den "Geistlichen Übungen des Johannes Chrysostomus Schenk. In: Geist und Kommunikation. Versuch einer Didaktik des geistlichen Lebens. Seminar Spiritualität 4. Zürich 1982

Rotzetter, A.: Pneumatologie und Spiritualität in der neueren Theologie. Versuch einer Bilanz. In: Pfammater, J.; Furger, F. (Hrsg.): Theologische Berichte XVI: Pneumatologie und Spiritualität. Zürich 1987, 53-89

Rotzetter, A.: Leidenschaft für Gottes Welt. Aspekte einer zeitgemässen Spiritualität. Zürich 1988

Rotzetter, A.: Die Chance der Ungebildeten und das Recht der Laien. In: Von Demut, Frieden und anderen Torheiten. Franziskanische Texte gedeutet für die Menschen unserer Zeit. Freiburg Schweiz 1990a

Rotzetter, A.: Herr, eile mir zu helfen. Vertraute Gebete neu gedeutet. Freiburg 1990b

Rotzetter, A.: Die Orden und die kirchlichen Zentralgewalten - ein struktureller Konflikt? In: Franziskanische Studien 74 (1992) 44-70

Rotzetter, A.: Franz von Assisi. Eine Bildbiographie. Freiburg 1993

Rotzetter, A.: Barfuss und mit feuriger Hand. Zur Spiritualität des Franziskuszyklus von Jakob Warttis. In: Brüder des heiligen Franziskus. 400 Jahre Kapuzinerkloster Zug 1595-1995. Zug 1995, 49-60

Rotzetter, A.: Das Überleben der Menschheit. Hoffnung wider alle Hoffnung. In: Im Kreuz ist Leben. Freiburg Schweiz 1996a, 103-159

Rotzetter, A.: Aus Liebe zum Leben. Die Evangelischen Räte neu entdeckt. Freiburg 1996b

Rotzetter, A.: Ich rufe Sonne und Mond. Der Sonnengesang des Franz von Assisi. Eschbach 1998a

Rotzetter, A.: „Liebe allem Leid entrissen". Mainz 1998b

Schlageter, J.: Unterscheidung der Geister. Die Frage nach den Kriterien des geistlichen Lebens. In: Rotzetter, A. (Hrsg.): Seminar Spiritualität 2: Geist und Geistesgaben. Zürich, Einsiedeln, Köln 1980, 13-27

Schürmann, H.: Die Mitte des Lebens finden. Orientierung für geistliche Berufe. Freiburg i. Br. 1979

Sloterdijk, P.: Selbstversuch. Ein Gespräch mit Carlos Oliveira. Wien 1996

Sölle, D.: Mystik und Widerstand. „Du stilles Geschrei". Hamburg 1997

Tidemann, P.: Über den Sinn des Lebens. Die perspektivische Lebensform. Darmstadt 1993

Walach, H.: ... so wird Gott geboren. Christliche Glaubenserfahrung und Transpersonale Psychologie. Freiburg 1980

Weil, S.: Betrachtungen über den rechten Gebrauch des Schulunterrichtes und des Studiums im Hinblick auf die Gottesliebe. In: Zeugnis für das Gute. Traktate, Briefe, Aufzeichnungen. Olten 1976

Zulehner, P. M.: Wie Musik zur Trauer ist eine Rede zur falschen Zeit. Wider den kirchlichen Wort-Durchfall. Ostfildern 1998

Zürcher SonntagsZeitung vom 16. Februar 1997, S. 19f: Die unheimlichen Besucher:
Beiträge verschiedener Autoren: Büchi, A.; Zöllner, H.M.; Krönig, J.

8. ABBILDUNGSVERZEICHNIS

- Titelbild:
  Westfälischer Meister, Altar aus Osnabrück. Detail: Ausgiessung des Hl. Geistes, um 1370/1380.
  Besitzer: Wallraf - Richartz - Museum
  Bildquelle: Rheinisches Bildarchiv Köln
  Mit freundlicher Genehmigung des Besitzers.

- Bilder 1,2,3,4,5
  aus: Lunghi, E.: die Franziskaner-Kirche in Assisi. (Scala) Florenz 1996.
  Mit freundlicher Genehmigung von P. Gerhard Ruf, Sacro Convento, Assisi

- Bilder 6,7:
  Aus: Rotzetter, A.; Schneiders, T.: Franz von Assisi: Eine Bildbiographie. (Herder) Freiburg, Basel, Wien 1993.
  Mit freundlicher Genehmigung des Herder-Verlags